キャリア教育に活きる!

センパイに
聞く

仕事ファイル

34

空 の仕事

パイロット
グランドスタッフ
航空機エンジン開発
機内食メニュー
プロデュース
検疫官
航空管制官

小峰書店

小峰書店 編集部 編著

34 空の仕事

Contents

※この本に掲載している情報は、2022年4月現在のものです。

パイロット

Pilot

ANA
エイエヌエー

角淵 紅香さん
つのぶち べにか

入社10年目 31歳
さい

ひとつひとつの
運航を大切にして
うんこう
お客さまの快適な旅を
かいてき
お約束します

パイロットは安全に飛行機を操縦し、時刻通りにお
そうじゅう　じこくどお
客さまや貨物を目的地に運びます。また、乗務員の
じょうむいん
リーダーとして、地上と通信を行い、悪天候や急病
人などの緊急事態にも備えます。ANAで副操縦士
きんきゅうじたい　そな　エイエヌエー　ふくそうじゅうし
として働く角淵紅香さんにお話をうかがいました。
つのぶちべにか

用語　※ 運航管理者 ⇒ 航空機が安全で効率がよいルートで目的地まで行けるように飛行計画を作成する人。
うんこうかんりしゃ　こうくうき　こうりつ
国家資格の運行管理者資格をもつ。
こっかしかく　うんこうかんりしゃしかく

Q パイロットとはどんな仕事ですか？

飛行機を操縦し、お客さまや貨物を安全で快適に目的地に届ける仕事です。飛行機の最高責任者である機長と、機長の補佐と代行を行う副操縦士がパイロットです。飛行時間の長い国際線では、機長ふたり、副操縦士ひとりの3人体制で、ふたりは操縦をして、ひとりは休憩をとる交代制です。国内線の場合は機長と副操縦士のふたりで乗務します。

私は副操縦士で国際線を中心に乗務しています。乗務する日は、初めに運航管理者※が飛行ルートの気流や、目的地の気象情報を分析して作成した飛行計画を、機長といっしょに確認します。最新の気象状況と照らし合わせて、航路を変更する場合は運航管理者と電話で話し合い、変更するかの最終判断は機長が行います。そして、決定した飛行計画を航空管制官（34ページ）に伝えます。

その後、飛行機に搭乗し、客室乗務員と打ち合わせを行います。初めていっしょに乗務する客室乗務員も多いので自己紹介をして、私たちから飛行ルートや天候などの情報を共有します。操縦室では整備記録を見て、きちんと整備がされているか、たくさんある計器やスイッチが正常に起動するかなどをひとつずつ確認することが重要な仕事のひとつです。そして、自動操縦システムに、高度、方位、速度、目的地など飛行計画のデータを入力し、準備が整ったら、離陸となります。

離陸や着陸は手動で操縦しますが、ゆれの少ない安定した上空では自動操縦を使用することが多いです。ただし、上空を飛行中は何が起こるかわからないので、自動操縦の状態でも、航空管制官と連絡を取り合い、飛行機の位置を確認し、つねに計器を監視して、緊急時に備えています。

パイロットは地上勤務をすることもあります。年に4回行われるシミュレーター※による飛行訓練と審査を受けて合格する必要があるほか、航空専門英語の試験を受けます。

飛行機に搭乗する前に、機長と飛行計画をパソコンで確認。「乗務する機長とはこの場が顔合わせとなるんですよ」と、角淵さん。

Q どんなところがやりがいなのですか？

思い通りの操縦ができると達成感があります。上空では、地上では考えられないような強い風がふき、その風の変化や雲などの影響を受けてゆれることがあります。そんな状況でも、お客さまに大きなゆれを感じさせない運航ができたときは誇らしい気持ちになります。また、悪天候のときの着陸は難しく、着陸する空港が変更になることもあります。安全な着陸は、パイロットの腕の見せどころですね。

私は直接お客さまとふれあうことはありませんが、客室乗務員を通して私の機内アナウンスを聞いたお客さまに「アナウンスがとても丁寧だね」と、ほめられたことがあり、うれしかったですね。

出発前、操縦室に持ちこむフライトバッグは1か所に集められる。バッグには運航マニュアルなどが見られるタブレット、操縦士の証明書などを入れている。

角淵さんのある1日（シカゴ便）

15:20	出社。機長と運航前の打ち合わせ。天候や航空情報の確認も行う
16:00	飛行機に乗りこみ出発準備（客室乗務員と飛行計画や天候などの情報を共有後、操縦室内の準備）
17:00	成田空港から出発。3人のパイロットで乗務。飛行中はひとりずつ順番に休憩をとる
14:55 ※現地時刻	13時間後、アメリカのシカゴに到着
16:00 ※現地時刻	ホテルに到着。現地で2泊した後、成田空港行きの便に乗務して帰国

用語　※シミュレーター⇒訓練などのために、本物の現象に近い体験ができる模擬装置。

Q 仕事をする上で、大事にしていることは何ですか?

　人の話をしっかり聞くということを大切にしています。とくに機長から学ぶことは多いです。機長は機内の最高責任者として、緊急時には、客室乗務員へ的確な指示を出して乗客の安全を守ったり、機内のあらゆることに対して冷静に判断したりしなくてはいけません。地上勤務のときに、機長と話す機会があれば、緊急事態の経験や対処法など、たくさん話を聞くようにしています。自分の乗務に活かせるようにしたいです。

　また、あいさつも大切にしています。私はパイロットになって3年なので、同じ飛行機に乗る機長は、初めて会う方が多く、信頼してもらえるように気を配っています。

「いっしょに働く人たちに信頼してもらえるように、安全で丁寧な乗務を心がけています」

Q なぜこの仕事を目指したのですか?

　中学生のころに修学旅行で飛行機に乗り「パイロットってかっこいいな」と思ったことが始まりです。しかし、当時パイロットは男性の職業という印象が強く、自分がパイロットになるというイメージはもてませんでした。その後、大学時代に海外に何度か旅行し、海外に行く仕事がしたいと思うようになりました。そんなとき、ANAのパイロット自社養成制度を知り、中学生のときのあこがれを思い出しました。

　ANAの自社養成制度のほかにも、パイロットになるための方法を調べてみると、航空大学校や海外の訓練所で免許を取得する方法がありました。しかし、航空大学校受験には身長の条件があり、私は条件に満たないことや、海外の訓練所は生活費をふくめて費用がかかりすぎることなど、私には現実的ではないと思いました。ANAの自社養成制度は、大学の専攻が問われず、文系だった私でもパイロットを目指せると思い、応募しました。

Q 今までにどんな仕事をしましたか?

　まずは訓練生として入社しました。訓練生は全員地上の部署に配属され、1〜2年ほど地上の業務にたずさわって航空業界に対する理解を深め、パイロット訓練に入ります。

　私は初めに羽田空港で2年半働きました。具体的には、飛行機を停める駐機場の飛行機の動きを調整する仕事です。飛行機は、必ずしも時刻通りに発着するわけではありません。また、駐機場のスペースには限りがあるので、到着や出発の時間がずれると、飛行機を停める場所がなくなってしまうことがあります。そのため、駐機場で飛行機の動きを指示して調整する人が必要なのです。

　その後、約3年かけて、副操縦士になるための訓練を受けました。まず、ドイツで半年間、航空力学※や天気、機械、電気など多くの科目を勉強し、全科目のテストに合格して、小型機に乗る知識を習得しました。次にアメリカで、4人乗り程度の小型機に乗り、視界に入るものから位置を判断して飛ぶ「有視界飛行」の訓練を受け、飛行の基礎を学びました。その後ドイツにもどり、今度は航空機の姿勢や、高度などがわかる計器のみで位置を判断して飛ぶ「計器飛行」を学び6人乗り程度のジェット機で操縦訓練を受けました。最後は東京で実際に自分が操縦することになるボーイング777※という機種の飛行機で操縦訓練を受けました。

　晴れて副操縦士になってまずは、1年ほど国内線を担当し、今はアメリカを中心にヨーロッパや中国行きの国際線を担当しています。

・ ヘッドセット ・

・ クッション ・

・ サングラス ・

・ 日焼け止め ・

PICKUP ITEM

ヘッドセットで管制官と連絡をとる。長時間の操縦を快適にするためのクッションと、上空の強い紫外線対策の日焼け止めと、日差しが操縦のさまたげにならないようにするためのサングラス。

用語　※ 航空力学 ⇒ 航空機に働く空気の力や、航空機が飛行するために必要な力などを研究する学問。

Q 仕事をする上で、難しいと感じる部分はどこですか？

天候の変化により起こりうる、予想外の問題に対処することです。もちろん搭乗前の準備は入念に行いますが、天候はつねに変化しますので、実際に飛行機に乗り、離陸してから、予想以上に上空でのゆれがひどいことがあります。

例えば、天候の影響により、飛行中に機体がゆれたときは、できるだけ短い時間で別の安全な航路を考えなくてはいけません。航路が決まったら、管制官に連絡をとり、近くを飛行しているほかの飛行機の位置を確認してもらいます。航路を変更してもほかの飛行機と十分距離がとれることが確認できると、変更の許可が下りるので、航路を変更します。

また、飛行機のシステムに不具合が出る可能性もあるため、万が一の場合でも冷静に操縦できるように、日ごろからシミュレーターなどで訓練を行っています。

乗務に向かう角淵さん。急な天候の変化などあらゆることに対応できるように、つねに気を引きしめて乗務することを心がけている。

Q ふだんの生活で気をつけていることはありますか？

パイロットは毎日決まった時間に働くわけではなく、乗務に合わせて勤務時間や休みの日が決まります。早朝から働く場合もあれば、深夜に出発することもあり、生活リズムがくずれやすいので、体調管理には気をつけています。特別なことではないですが、よく寝てよく食べ、たまに運動をして、お風呂はなるべく湯船につかってゆっくりするよう心がけています。また、私は翌日の乗務の時間に合わせて寝る時間をずらし、睡眠時間を確保しています。

パイロットは、1年に1回、視力や聴力、平衡感覚、精神状態などの検査をし、問題がないことを記した航空身体検査証明書を国に提出します。それほど心身の健康が大事な仕事なのです。

Q これからどんな仕事をしていきたいですか？

パイロットは、乗る飛行機の種類や飛行エリアによってそれぞれ資格が必要です。私はボーイング777の機体を操縦する資格しかもっていないので、ほかの資格もとって、いろんな国に行き、経験のはばを広げていきたいです。

また、後輩も増えてきたので、後輩への指導もしながら、お手本となるパイロットを目指しています。副操縦士から機長に昇格するまで約10年といわれています。それまでに技術を高めるだけではなく、機長として信頼してもらえる人になっていたいです。

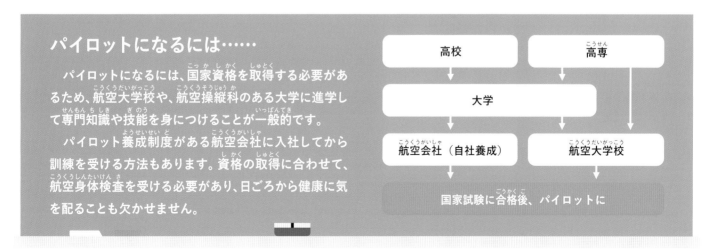

パイロットになるには……

パイロットになるには、国家資格を取得する必要があるため、航空大学校や、航空操縦科のある大学に進学して専門知識や技能を身につけることが一般的です。

パイロット養成制度がある航空会社に入社してから訓練を受ける方法もあります。資格の取得に合わせて、航空身体検査を受ける必要があり、日ごろから健康に気を配ることも欠かせません。

```
高校          高専
  ↓            ↓
     大学
  ↓            ↓
航空会社（自社養成）  航空大学校
  ↓            
国家試験に合格後、パイロットに
```

※ この本では、大学に短期大学もふくめています。

用語　※ ボーイング777 ⇒ アメリカの航空機メーカー、ボーイング社がつくった双発（エンジン2基搭載）のジェット旅客機。

Q この仕事をするには どんな力が必要ですか？

体力と英語力です。不規則な勤務体制なので、気をつけていても、疲れがたまってしまうことはあります。私は日ごろから適度な運動を心がけています。

また、管制官との会話は基本的に英語です。パイロットは航空英語能力証明試験を定期的に受験する必要があり、つねに英語を勉強し続けなければなりません。私も地上勤務のときに時間を見つけて、英語の勉強をしています。

社内にある個室ブースで勉強する角淵さん。タブレットの中には航空英語のテキストが入っている。

角淵さんの夢ルート

小学校 ▶ とくになし

働くことが想像できなかった。

▼

中学校 ▶ とくになし

修学旅行で飛行機に乗り、「パイロットってかっこいいな」と思うが、女性パイロットのイメージがわかなかった。

▼

高校 ▶ とくになし

大学受験で精一杯だった。

▼

大学 ▶ パイロット

手に職をつけて専門的な職業に就きたい、海外に行く仕事がしたいとパイロットを目指した。

Q 中学生のとき、 どんな子どもでしたか？

明るく活発で、負けずぎらいな性格でした。何より打ちこんでいたのは、部活のソフトテニスです。小さいころからスポーツは得意だったので夢中で練習し、主将として大会に出場しました。県大会の個人の部で準優勝して、近畿大会に進めたのがもっともよい成績です。

また、お昼休みにも中庭で友だちとバレーボールをするなど、とにかく外で体を動かすことが大好きでした。

得意科目は体育と数学と英語、苦手科目は国語と社会です。得意科目と苦手科目の力の入れ方の差が激しく、得意科目の数学は毎晩宿題とは別に、市販のテキストを使って勉強していました。苦手科目は勉強するのが苦痛でしたが、テスト前はよい点数をとりたいと、必死で泣きながら勉強したこともありました。今となってはよい思い出ですね。

ソフトテニス部で主将として活躍した角淵さん（右）。写真は地区大会で優勝したときの1枚。

写真は地区大会で優勝したときの賞状。この後、県大会に出場し、準優勝して近畿大会に出場した。

Q 中学のときの職場体験は、どこに行きましたか?

中学2年生のとき、幼稚園へ1週間行きました。たくさんの受け入れ先のなかから、自分の行きたいところを第一希望から第三希望まで選び、定員をこえた場合はじゃんけんで決めた記憶があります。

私は幼稚園の先生やお菓子屋さんなど、親しみのある職業に希望を出し、第一希望に決まりました。

Q 職場体験ではどんな印象をもちましたか?

職場体験に行く前は、園児といっしょに遊ぶんだろうな、というイメージをなんとなくもっていました。でも、実際先生方はそれ以外にも、園児が帰ってからの掃除や翌日のお遊戯の準備、1日の業務記録をつける、子どもたちの教育計画を立てるなど、私が想像したこともない仕事をたくさんしていることを知りました。

先生が働くようすを間近で見て、見えないところでも園児のことを考えて、よりよい幼児教育のために働いているのだということがよくわかりました。実際に働くのは大変なことだと知るとともに、目に見えることだけが仕事のすべてではないということに気づくことができましたね。

Q この仕事を目指すなら、今、何をすればいいですか?

飛行機はパイロットだけの力で飛ぶわけではありません。客室乗務員、整備士、空港で働くグランドスタッフ(10ページ)、航空管制官など、さまざまな人が協力し合っています。

中学生のうちは仲間と何かを達成する経験を大切にしてください。共通の目標に取り組むことでコミュニケーション能力も自然と養われ、おたがいに高め合うことができます。私も部活の友だちといっしょにがんばったことが力となり、大変だったパイロットの訓練も同期の仲間と助け合ってのりこえました。今も仲間と協力しあって安全で快適な運航を心がけ、乗務しています。

私が操縦する飛行機でたくさんの人を世界の国ぐにへお連れします

－ 今できること －

ふだんの暮らし

乗客の命を預かるパイロットは、体力と精神力がいる仕事です。食事や適度な運動に気を配って心身を整える習慣を身につけておきましょう。

操縦室では管制官や客室乗務員などとの連携が欠かせません。クラスや部活動、生徒会などで、仲間と協力して課題をやりとげる経験が将来につながるはずです。

また、瞬時にいくつもの情報を読み取り、機器を操作する必要があるので、バランスのよい食事や、規則正しい生活などを習慣づけて、集中力を養いましょう。

 国語

飛行状況などを正確に伝える必要があります。つねに正しく、わかりやすく伝える表現力を養いましょう。

 数学

飛行機が離着陸をする地点や、機体にかかる重力などを判断する際、三角比や三角関数を使います。どちらも高校数学ですが、三平方の定理はその基礎です。

 理科

航空機の仕組みを理解するには、物体の運動や力の働きの知識が必要です。また、航路を確認する上で気象の知識は欠かせません。

 英語

パイロットと管制官とのやりとりは、基本的に英語で行われます。英語の読み書きとともに、会話やリスニングの練習も力を入れておくとよいでしょう。

File No.194

グランドスタッフ

Ground Staff

スカイマーク
中村翔太さん
入社6年目 25歳

おもてなしの心で
お客さまを
空港でサポートします

空港には、利用客が気持ちよく飛行機に乗れるよう、手荷物を預かってくれたり、搭乗便の案内をしてくれたりなど、さまざまなサポートをしてくれる人たちがいます。スカイマークでグランドスタッフとして働く中村翔太さんに、お話をうかがいました。

Q グランドスタッフとは どんな仕事ですか？

グランドスタッフは、お客さまが空港に来てから、飛行機に乗るまで、また飛行機を降りてから、空港を出るまでを空港内でサポートする仕事です。

具体的には、おもに3つの仕事をしています。ひとつ目は、搭乗手続き業務です。飛行機の予約をしたお客さまに、スカイマークのカウンターで、搭乗口や搭乗時刻、座席番号が書かれた搭乗券を発券したり、自動発券機の操作の方法を案内したり、手荷物を預かったりします。

ふたつ目は、出発案内業務です。飛行機が時刻通りに出発できるよう、お客さまが飛行機に搭乗できる時刻になるとアナウンスをします。出発時刻が近づいているのに飛行機に搭乗していないお客さまがいる場合は、出発ロビー内のお店やトイレなどをまわり、お客さまを探します。飛行機の出発時刻がせまっているときは、お客さまの安全を守りながら、急いで搭乗口まで案内することもあります。

3つ目は、到着便業務です。預けた荷物がベルトコンベアーで流れてこない、荷物が破損しているなどで困っているお客さまの対応をします。ほかには、別の便に乗りつぎをするお客さまの誘導や、車イスのお客さまや機内で具合の悪くなったお客さまのサポートなども行います。

私は、おもな業務以外にカウンターの奥にあるオフィスで、客室乗務員やほかの空港のグランドスタッフとの連絡窓口となる業務も行っています。サポートが必要なお客さまの情報を到着する空港のグランドスタッフに伝えたり、着陸時に客室乗務員から具合の悪いお客さまの連絡を受けて、到着便業務のグランドスタッフに伝えたりします。また、気象状況により飛行機の出発や到着がおくれるなどの連絡が入ったときは、キャンセルや変更を希望されるお客さまでカウンターが混雑することが予想されるので、ほかの業務担当者と連携をとり、人数を増やして対応できるようにしています。

搭乗ゲートで案内板を出す中村さん。この後、マイクで搭乗開始のアナウンスをしたり、搭乗券を確認したりする。

Q どんなところが やりがいなのですか？

飛行機に乗るお客さまが最初に接するのが、グランドスタッフです。次もスカイマークを利用したいと思っていただくには何が必要かを考えながら、日々の仕事にあたっています。お客さまから「ありがとう」「助かったよ」などの声をいただくと、心からうれしくなります。

また、台風や大雪などで、飛行機の出発・到着のおくれや欠航が発生すると、便の変更をしたり問い合わせをしたりするお客さまで、カウンターに長蛇の列ができます。グランドスタッフたちのチームワークで非常時をのりきったときは、大きな達成感がありますね。

毎日お昼に早番から遅番への引きつぎが行われる。聞きもらさないように必ずメモをとる。

中村さんのある1日（早番の日）

03:00	起床
04:30	出社。前日の運航状況や、予約のお客さま情報の確認
05:00	搭乗手続き業務（早朝の便に乗るお客さまの搭乗券の発券や手荷物預かりなど）
09:00	休憩
10:00	出発案内業務（飛行機に乗る直前の案内や搭乗券の確認など）
13:00	遅番の人たちに運航状況や予約数などの引きつぎ
13:30	退社

Q 仕事をする上で、大事にしていることは何ですか？

多くの方にスカイマークを快適に利用していただけるように、お客さまと距離の近い、アットホームな対応をすることを、接客のプロとして大事にしています。

お客さまが飛行機を利用する目的はさまざまです。旅行、出張、帰省、受験、結婚式やお葬式など、それぞれの理由で飛行機を利用されます。カウンターや出発ゲートでの短い時間かもしれませんが、どんなお客さまでも空港での時間を心地よく過ごせるように「いってらっしゃいませ」「おかえりなさいませ」など、心をこめて声をかけるようにしています。

Q なぜこの仕事を目指したのですか？

小さいころから人と話すのが好きだったので、いろいろな人と出会える仕事がしたいと、漠然と考えていました。

グランドスタッフに関心をもったのは中学2年生で、新千歳空港を訪れたときです。家族で旅行に行くときに飛行機を利用しました。子どもから大人まで、大勢の人が集まる空港で、だれに対しても、さわやかな笑顔で接するグランドスタッフの姿を見て、「かっこいいな」「これも人と出会える仕事のひとつだな」と感じて、接客の仕事に興味がわき始めました。

高校3年生で進路を考えたとき、同じ高校の一学年上の先輩が、航空業界を目指すための専門学校に通っていることを知り、先輩から授業の内容や空港の仕事について、いろいろな話を聞きました。多くの人の旅をサポートしたい、という気持ちが高まり、グランドスタッフを目指して先輩と同じ専門学校に進学することにしたのです。

「迷っているお客さまがいたら、すかさず声をかけます。適切に案内ができるとうれしいです」と、中村さん。

Q 今までにどんな仕事をしましたか？

入社当初からグランドスタッフとして、羽田空港で搭乗手続き業務や出発案内業務、到着便業務にたずさわっています。

最初のうちは先輩のグランドスタッフとペアになって、実際の業務を行いながら仕事内容を覚えました。この期間がいちばん大変だったように思います。社会人になって初めてのひとり暮らしや、早番や遅番などに合わせた生活リズムにもまだ慣れておらず、さらに仕事でも覚えなければならないことが多かったからです。カウンターに少しでも列ができてしまうと、気持ちがあせって笑顔で対応できないこともありましたが、今ではいつでも笑顔でお客さまをむかえることができるようになりました。

その後搭乗手続き業務の責任者になり、2年前からは、一部の統括業務をまかせてもらえるようになりました。

業務にも慣れ、今ではいそがしいときや、トラブルが発生したときも笑顔を絶やさず対応する。

Q 仕事をする上で、難しいと感じる部分はどこですか？

もっとも難しいのは、天候の悪化やシステムトラブルなどで飛行機の出発時刻が大きくおくれたり、欠航になったりしたときのお客さまへの対応です。「なぜ定刻通りに飛ばないのか」や「この飛行機に乗らないと、大事な用事に間に合わない」と問い合わせを受けたり、ときには怒鳴られてしまうこともあります。

そんなときは、ただ「申し訳ありません」と謝罪するだけでなく、お客さまの事情や立場に気を配りながら、それぞれのお話に耳をかたむけますが、その場を担当するグランドスタッフの人数も限られているので、ひとりのお客さまに多くの時間をかけられないところが難しいと感じます。

Q ふだんの生活で気をつけていることはありますか？

　心身ともに健康でなければいつも笑顔で接客をすることができないので、日々の体調管理に気をつけています。

　私たちは「早番、早番、遅番、遅番、休日、休日」という「4勤2休」の6日間サイクルで勤務しています。早番は始発便から昼過ぎまでの便を担当し、遅番は、昼過ぎから最終便までを担当します。遅番は夜の12時ごろに帰宅、早番は早朝5時出社という、不規則な生活リズムなので、大変です。私は、遅番でも帰宅後できるだけ早く寝て、翌朝9時には起きるようにしています。

　また、休日は友人と出かけたり、家でテレビゲームをしたりして、リフレッシュすることを心がけています。

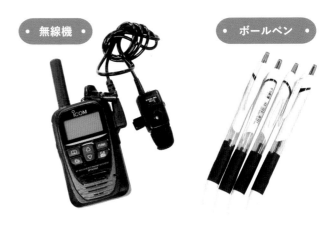

・無線機・　　　　　・ボールペン・

PICKUP ITEM

無線機は、搭乗予定のお客さまの人数確認や機内の忘れ物確認など、グランドスタッフどうしや、客室乗務員などと連絡をとるためにつねに身につけている。ボールペンはお客さまに記入してもらう機会も多いため、複数本用意している。

Q これからどんな仕事をしていきたいですか？

　新人グランドスタッフたちの研修で、講師として教える立場になりたいと思っています。スカイマークの新人研修期間は、1か月です。この間に、グランドスタッフとしての基本知識や業務マニュアルのほか、言葉づかいや立ち居ふるまい、接客マナーなどを身につけます。

　私自身も、この研修を受けて、「一人前のグランドスタッフとして、お客さまの役に立ちたい」「早く現場に出てみたい」という気持ちがより強くなりました。未来のグランドスタッフたちに、業務マニュアルだけでなく、仕事に必要な心がまえなど、いろいろなことを伝えていきたいですね。

Q この仕事をするにはどんな力が必要ですか？

　天候などの理由で飛行機が欠航したりおくれたりしたとき、直接お客さまに説明するのはグランドスタッフです。ときには怒られて理不尽に感じることもあるかもしれませんが、お客さまには予約した飛行機の時間に乗りたい理由、どうしても乗らなければならない理由があったはずです。あわてたり、怒ったりする心情に寄りそった接客ができるように、怒られてもくよくよしない精神力と、柔軟な考え方が必要だと思います。私も完璧ではないので、柔軟に考えられるように心がけて接客しています。

グランドスタッフになるには……

　大学や専門学校を卒業し、航空会社またはハンドリング会社※や、グランドスタッフを航空会社へ派遣する会社に就職する必要があります。語学力を採用の条件としている企業が多く、英語だけでなく複数の言語や手話ができると有利です。エアライン科などのある専門学校では、グランドスタッフの業務を実践的に学ぶこともできます。

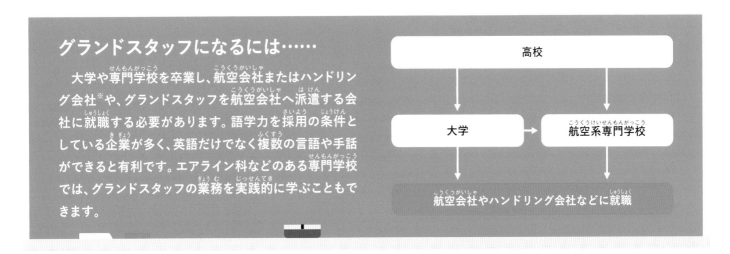

```
高校
 ├─→ 大学 ──→ 航空系専門学校
 │              │
 └──────────────┘
      ↓          ↓
  航空会社やハンドリング会社などに就職
```

用語　※ ハンドリング会社 ⇒ グランドスタッフや機内清掃、飛行機の誘導、手荷物や貨物の搬送・搭載といった、空港の地上業務を専門とする会社のこと。

Q 中学生のとき、どんな子どもでしたか？

　中学生のときは、自分の好きなこと、興味のあることを思う存分していました。友だちと自転車で遊びに行ったり、部活のバドミントン部で仲間たちと練習したり、毎日体を動かしてばかりでした。運動神経はよい方で足が速かったので、体育祭ではリレーの選手に選ばれるなど、結構活躍しました。

　勉強はあまり好きではなくて、ほとんど家ではしていませんでしたが、数学は好きでした。英語や社会のように単語や年号を暗記するより、公式に当てはめて答えを導き出すことが楽しいという感覚でしたね。ためしに、実用数学技能検定3級を受けたら合格しました。

　ほかに、作文を書くことも好きでした。何かの行事で、クラスの代表に選ばれて、作文を発表したこともあります。人と話すのが大好きだったので、文章で思いを伝えることもいやではなかったのかもしれません。

修学旅行先のホテルで、バドミントン部の友だちと食事をする中村さん。

小学校6年生から近所のバドミントンクラブに通い始めたことがきっかけでバドミントンが好きになり、中学校ではバドミントン部に入部。3年間使ったラケットとシューズは今でも大切に保管している。

部活で使っていたユニフォーム。実家に帰省したときは、ときどき部屋着として着ている。

中村さんの夢ルート

小学校 ▶ ものをつくる仕事など

ファッションデザイナーや建築家など、ものづくりをする仕事にあこがれていたが、ほかにもいろいろなことにあこがれていた。

▼

中学校 ▶ とくになし—接客の仕事

建築家やファッションデザイナーの情報が身近になく、あこがれが薄れていき目指したい職業がなくなった。
しかし、中学2年生のとき、旅行で空港を利用した経験から、接客の仕事に興味が出始める。

▼

高校 ▶ 空港での接客の仕事

航空業界で働くための専門学校の存在を知り、そこに進学して空港で接客の仕事がしたいと思うように。

▼

専門学校 ▶ グランドスタッフ

せっかくなら羽田空港で働きたいと考えていた。

Q 中学のときの職場体験は、どこに行きましたか？

私が育った地域では小学校から職場体験がありました。小学3年生か4年生で地元・北海道の市場の仕事、6年生ではラジオ局でアナウンサーの仕事を体験しました。

中学校では、職場体験ではなく、地元のアイスホッケー選手が学校に来て、話を聞く機会がありました。

Q 職場体験ではどんな印象をもちましたか？

職場体験は楽しかった記憶しかありません。市場では、接客ではなく、びんに海産物などをつめる仕事を手伝いました。ラジオ局のアナウンサー体験では、マイクの前に座って、放送用の原稿を読みました。実際に放送はされませんでしたが「自分の声がこんなふうに聞こえるんだ」と新鮮でした。

アイスホッケー選手が語ってくれた、チームみんなで壁をのりこえていく話には、胸が熱くなりました。私が住んでいた地域は、体育の授業に取り入れるほど、アイスホッケーに親しみがあり、選手は地元のスター的な存在です。選手が毎日積み重ねている過酷なトレーニングのことなどを間近で聞いて、好きなことを仕事にするには、日々たくさんの努力が必要なんだと思いました。

Q この仕事を目指すなら、今、何をすればいいですか？

空港には、海外からもお客さまがやってきます。多くの人とコミュニケーションをとれるように、英語の勉強をしておきましょう。私も専門学校で、ひと通りの英会話を学びましたが、中学時代に苦手意識をもたず、英語にもっと親しんでいればよかった、と心から思っています。

上手でない英語をしゃべるのははずかしい、単語しか知らないのに英会話なんて無理、と難しく考えがちですが、簡単な単語を並べるだけでも、海外の方と心を通わすことができることを、今、実感しています。英語が好きになると、視野が広がり、仕事がさらに楽しくなりますよ。

スムーズに飛行機に乗れるようサポートします。私たちにおまかせください

－ 今できること －

ふだんの暮らし

グランドスタッフは空港で働く仲間と連携をとったり、協力したりする必要があります。文化祭や合唱コンクールなどに積極的に参加してチームワーク力を身につけましょう。また、同じ目標に取り組む仲間との情報共有も大切なので、積極的に仲間と関わるように心がけましょう。

グランドスタッフは時刻通りに飛行機が運航できるように時間を管理します。待ち合わせ時間やゲーム時間など、決まった時間を守る習慣を身につけましょう。

接客はお客さまへの丁寧な対応が必要です。正しい言葉づかいや、敬語、謙譲語などを身につけてコミュニケーションをとりましょう。

空港は外国人の利用も多く、世界の国の宗教や歴史、地理などの知識があると接客に役立ちます。また、世界情勢やニュースなどにも関心をもちましょう。

広い空港のなかを急いで移動したり、乗客の重い荷物を受け渡したりするなどで体力を使います。ふだんから運動をして、基礎体力をつけましょう。

外国人の乗客を案内する機会が多い仕事です。まずは基本的な会話のフレーズから覚えてみましょう。

航空機エンジン開発

Jet Engine Development

本田技術研究所
武井達也さん
入社4年目 28歳

GE Honda Aero Engines

HF120
Turbofan Engine

開発したエンジンを
のせた航空機が
世界中の空を
飛んでいます

航空機が空を飛ぶためには、推力（進む力）と揚力（浮く力）が必要です。推力を生み出すのはエンジンです。数多くの部品からなる複雑な構造の航空機エンジンを本田技術研究所で開発する、武井達也さんにお話をうかがいました。

Q 航空機エンジン開発とはどんな仕事ですか？

私が働いている本田技術研究所 先進パワーユニット・エネルギー研究所は、航空機エンジン、バッテリー、燃料電池など、モビリティのパワーユニットやエネルギーに関する研究・開発を行っています。航空機エンジンとしては、アメリカのゼネラル・エレクトリック社と共同開発した「HF-120ターボファンエンジン」というものがあり、現在は、ホンダ製の航空機「HondaJet」に搭載されています。

ジェットエンジンが推力を生む仕組みを簡単に説明すると、エンジン前方から吸い込んだ空気をジェット燃料と混ぜて燃やします。発生する高温・高圧の燃焼ガスでタービンを回し、それによりエンジン前方のファンを回すことで、空気を勢いよく後ろへ排出します。その反動によって航空機は前に進むのです。私は、このなかで燃焼器という部品の開発を担当しています。

開発の手順としては、まず燃焼器の本体と部品の形状をコンピューターを使って考えます。次にその形状に問題がないかどうかをチェックするため、圧縮された空気が燃焼器に入って燃料と混ざり、燃焼ガスを発生させるまでの流れを専用ソフトを使ってシミュレーション※します。その上で試作品で試験し、ねらい通りの性能になっているかを確認します。もし、想定とちがう結果が出た場合は、目標の性能に到達するまで設計・試作・試験をくりかえします。

Q どんなところがやりがいなのですか？

難しい課題を解決できたときにやりがいを感じます。燃焼器の内部では、燃料の蒸発や空気との混合といった現象が起こります。こうした現象をできる限り正確にシミュレーションすることは、開発を加速させ、お金を節約する上でも大切です。しかし、とても複雑な現象のため、コンピューターで完全に予測することが難しいという課題があります。

そのため、試作品により試験を行い、さまざまなデータを収集することで予測の精度を上げています。設計する上では、現象を正確にとらえる必要があるので、さまざまなチームを巻きこみながら試験を重ねています。それにより、解決までに時間がかかることもありますが、解決できたときはうれしくて、チーム全員で喜びを分かちあいます。

チームの定例会議。燃焼器のなかの空気の流れを数値化したデータを見ながらチームで議論する。

8人乗りのHondaJet。一般的には、機体後方部分にエンジンを設置するが、HondaJetは主翼上面にエンジンを配置しているのが特徴（赤い丸がエンジン部分）。

HondaJetに搭載されているターボファンエンジンの断面図（上）。赤い丸の部分が燃焼器の断面図で、下の写真が燃焼器全体。

武井さんのある1日

08：30	出社
09：00	燃焼器の試験準備と試験内容の確認
10：00	試験開始
12：30	ランチ
13：30	試験の進み具合を共有
16：00	試験データの分析でつじつまが合わない点を発見
16：30	試験場で確認
17：00	再試験
18：30	試験データのまとめと翌日の資料作成
19：30	退勤

用語 ※ シミュレーション ⇒ コンピューター上で、現実に想定される条件を入れて、実際に近い現象を再現すること。

Q 仕事をする上で、大事にしていることは何ですか?

エンジンの不具合は、航空機の安全性をおびやかすことになりかねません。お客さまの安全を確実に守るため、どんなことでも客観的なデータに基づいて判断することを大事にしています。試験によっては、データを十分に得られなかったり、想定外の結果になったりしますが、そういうときこそ立ち止まって、得られたデータを整理していきます。必要と判断すれば追加の試験も行い、きっちりデータをそろえてから、もう一度冷静に分析するようにしています。

また、エンジンは開発して終わりではなく、その先に、生産に向けての部品の組み立てや、販売後の点検、修理などの工程が続きます。先々に関わる方の仕事がしやすくなるように設計するということも、忘れないようにしています。

燃焼の試験データを確認する武井さん。データはこのあとチームで共有する。

Q 今までにどんな仕事をしましたか?

入社から半年間は実習を行いました。そこではエンジン本体と各部品の設計や試験などさまざまなチームに入り、業務を経験しました。

そのときに学んだのが「三現主義」でした。これは、問題が発生したときに「現場」で「現物」を観察し、「現実」を確認してから問題の解決にあたるという考え方です。エンジン部品を交換するという実習では、作業の前にマニュアルを読んだ上で行いましたが、手が入りにくい場所にあり、さらに部品のサイズも小さかったので、とても苦労しました。こうした経験から、机で計画しているだけでは不十分で、実際に現場で、現物に触れて初めて気づくことがあると学びました。

Q なぜこの仕事を目指したのですか?

子どものころから宇宙に関するテレビ番組を観るのが好きでした。そして、小学校高学年のときにJAXA筑波宇宙センターを見学したことがきっかけで、さらに興味をもつようになりました。

宇宙へのあこがれは絶えることなく、航空宇宙工学を学べる大学へ進学し、エンジンに関する学問や、燃焼に関する研究もしました。

就職先としては、「燃焼に関する知識や経験をもっと広げたい」と考えて、民間航空機向けの燃焼器の研究開発を国内で行っている、本田技術研究所に入社しました。

チームの先輩たちといっしょに試験後の燃焼器を確認する武井さん(中央)。

・ボアスコープ・

・工具箱・

・ハイスピードカメラ・

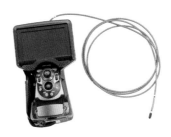

PICKUP ITEM

工具箱は、種類やサイズが豊富な工具が入っている。ハイスピードカメラは、シャッターを1秒間に2万回以上切れるカメラで、燃料にどうやって火がつくかを撮影する。ボアスコープは、実験後の燃焼器の内部など、目では確認できないところを管の先端にあるカメラで撮影する。

Q 仕事をする上で、難しいと感じる部分はどこですか？

航空機エンジンの開発は機体をつくる会社から求められる仕様と開発期間に基づいて進められ、その期限内にお客さまが納得するエンジンを完成させなければなりません。そのため、調査や検討に時間がかかるデータの解析などでも、「正確性」と「スピード」が求められ、つらいと感じることもあります。そんなときは、早く正確に行える方法を開発リーダーなどに相談しながら進めるようにしています。

燃焼器をエンジン本体に組み、組み立てやすいかを確認する。

Q ふだんの生活で気をつけていることはありますか？

人によって解釈が変わるようなデータに基づいて開発してしまうと、本当の原因を見落とし、誤った対策を立ててしまう危険性があります。高い信頼性が求められる航空機エンジンにおいては、客観的なデータに基づいて開発することが重要です。そのため、例えば本やインターネットで情報を得るときには、その情報をすぐ受け取るのではなく、つねに疑問をもち調べることを習慣にしています。

Q これからどんな仕事をしていきたいですか？

私の夢は、世界最高水準の性能をもったエンジンを開発し、世の中に送り出すことです。

この実現に向けて、まずは燃焼器に問題が発生したときに、原因を今よりもっと早く正確に分析し、解決につなげられるようなシミュレーション技術を確立したいと思っています。

また、たとえ高性能なエンジンを開発したとしても、製造や組み立て、手入れが難しくては、お客さまに満足していただける製品にはなりません。そのためにも、将来的には、製造やサービスの仕事も経験することでエンジニアとしての視野を広げ、開発の後の工程にある、組み立てやメンテナンスなどにも気を配った設計ができるようになりたいと思っています。

「燃焼試験の結果によっては問題の解決に何か月もかかることもありますが、ひとつずつ解決していきます」

航空機エンジンの開発者になるには………

航空機エンジンの仕組みはとても複雑なので、開発にあたっては、はば広い知識が必要です。知識を習得するためには、航空宇宙工学や機械工学、電子工学などを学べる大学や高専※に進み、工学の基礎や航空機エンジンの設計について学びましょう。さらに大学院などで知識や技術を身につけると役に立つでしょう。

```
高校          高専（理系）
  │             │
  ↓             │
大学（工学系）    │
  │             │
  ↓             │
大学院           │
  │             │
  ↓     ↓       ↓
航空機エンジンの開発を行う企業に開発者として就職
```

用語　※ 高専⇒高等専門学校のこと。技術者の養成を目的とした、5年一貫教育の学校。

Q この仕事をするには どんな力が必要ですか？

何事にも粘り強く取り組む姿勢が必要です。エンジンの開発では、試験の結果がシミュレーション通りにならないことが少なくありません。そのたびに原因を分析し、対策を立てていかなければならないため、どんな課題も必ずやりとげるという強い意志が求められます。

また、先輩の意見を自分から聞きに行く姿勢も必要です。なぜなら、課題を解決するためには、さまざまな専門家の知識や経験を借りて、考えられる原因をもれなく特定することが重要だからです。自分の考えにこだわりすぎず、いろいろな専門知識や経験をもった人からアドバイスをもらうことが大切です。

武井さんの夢ルート

小学校 ▶ シェフかパティシエ

料理をすることが好きだった。

▼

中学校 ▶ 宇宙飛行士

宇宙にあこがれをいだいていた。

▼

高校 ▶ 獣医師— 航空宇宙に関する研究者

2年生までは、飼っていた犬や当時観ていたドラマの影響で獣医師になりたかった。
3年生になっても、宇宙が好きで、航空宇宙についてもっと勉強したいと思うように。

▼

大学・大学院 ▶ 航空機エンジン 開発エンジニア

とくにエンジンを開発したいと思うように。

Q 中学生のとき、 どんな子どもでしたか？

部活は、野球部に入っていました。練習がとてもきびしかったので、練習後に家に帰った後は、ご飯を食べて寝るだけという毎日を過ごしていました。あまりにきつくて辞めたいと思うこともありましたが、途中であきらめるのはよくないと思い直して続けました。

勉強は、練習の疲れもあって、家ではあまりできませんでした。その分、授業中は先生の話を集中して聞くようにしていました。教科は理科が好きで、「炎色反応」の実験では、燃やす金属によって炎の色が緑や黄色などちがっていたことに興味をもったことをよく覚えています。

学校以外ではボーイスカウトに入っていました。山奥のキャンプに行ったときは、夏の大三角形など星座を夢中になって観察し、まきから火をおこして食事をつくるなどの経験もしました。野球、勉強、ボーイスカウトを通じて、エンジニアとして必要な「粘り強さ」「観察力」といった基礎が身についたと思います。

野球部でのポジションはセンター。「中学最後の試合は初戦敗退でくやしい思いをしました」と武井さん。

ボーイスカウトではキャンプで飯盒炊さんも行った。「火力の調節がうまくできず、ごはんがおいしくなかったこともありました」

Q 中学のときの職場体験は、どこに行きましたか?

2年生のときに職場のリストを学校から渡され、そのなかからクラスのみんなと話し合って体験先を選びました。私は2日間の職場体験のうち、1日目はドーナツショップ、2日目は和食ファミリーレストランに行きました。どちらも調理補助の仕事をした後で、簡単にまとめたレポートを提出しました。

Q 職場体験ではどんな印象をもちましたか?

初めての経験だったのでとても新鮮でした。1日目のドーナツショップでは、揚げたドーナツを半分に切って、ホイップクリームをしぼったり粉砂糖をかけたりしました。そのドーナツを何個もつくったのです。

2日目の和食ファミリーレストランでも調理を手伝わせてもらって、天ぷらを向きや高さに気をつけながらご飯にのせ、たれをかけました。

私が調理した料理を、目の前のお客さんが実際に食べているのを見たときは、うれしくて、達成感がありました。それと同時に、お客さまに喜んでいただくためにも、心をこめて調理したものを提供しなければならないという強い責任感が生まれたと思います。

Q この仕事を目指すなら、今、何をすればいいですか?

何か興味をもてることに対して、くわしい人に聞いたり、本やインターネットを通して知識を深めることを習慣にしてください。その上で、調べたことが正しいのかを確認し、可能であれば何かをつくって実験するとよいでしょう。ねらい通りの結果が得られなかった場合は、なぜそうなったかを考え、調べることが大切です。そうすることで、新たな気づきが得られ、興味も知識もさらに深まるはずです。

私はボーイスカウトで、火が早くついて安定して燃える方法をつねに考えながら試行錯誤していました。ふだんからこういった習慣を取り入れることで、開発者としての基礎が身につくと思います。がんばってください。

世界最高水準のエンジンを開発して世に送り出したい

- 今できること -

ふだんの暮らし

航空機エンジンの開発には大勢の人が関わり、開発期間は数年から十数年に渡り続きます。専門知識以上にコミュニケーション能力やリーダーシップが必要なため、部活動やクラスの行事に参加し、みんなで協力してひとつのことをやる経験を積んでおきましょう。

細かい作業を苦にせずコツコツ続けていく緻密さや、がまん強さも大切です。使わなくなった機械を分解して仕組みを調べたり、また組み立て直したりして、最後までやりとげるといった経験をしておくとよいでしょう。

 数学
航空機エンジンの開発では、高度な数学的知識も必要不可欠です。方程式や関数、図形など、数学のあらゆる分野をマスターしておきましょう。

 理科
理科で学ぶ知識や考え方は、航空機を開発するときの土台になります。力の働き、運動とエネルギー、電流などを中心にしっかり学習しておきましょう。

 技術
材料と加工技術、エネルギーの変換、情報処理などの知識をきちんと身につけておくと役に立ちます。

 英語
大規模なプロジェクトでは、海外のエンジニアとのやりとりは英語で行われます。また、研究者の論文を読むこともあるので、英語はしっかり身につけましょう。

機内食メニュー プロデュース

In-Flight Meal Menu Produce

日本航空（JAL）
福田慶太さん
入社8年目 31歳

「空の上のレストラン」
を目指して
メニューを考えます

日本と海外を運航する国際線のような、長時間の旅となる飛行機の中では「機内食」と呼ばれる食事が提供されます。その機内食にメニューの企画から完成まで、責任者として関わる人がいます。JALの福田慶太さんにお話をうかがいました。

用語　※ ファーストクラス ⇒ 旅客機の最上級客席のこと。客席はエコノミークラス、ビジネスクラス、ファーストクラスの3階級に分かれていることが多く、客席の広さやサービス内容がちがう。

Q 機内食メニュープロデュースとはどんな仕事ですか?

「機内食」は、飛行機内で提供される食事です。

JALの機内食は基本的に3か月ごとにメニューが変わります。日本の四季に合わせて、旬の食材を積極的に取り入れているのが特徴です。私はこの機内食をどんなメニューにするのかを考えて、機内で提供できるようになるまでのすべてに、責任者として関わっています。機内食を楽しみにしているお客さまが多いため、力を入れて取り組んでいます。

機内食のメニューを考えるとき、まずこの路線の飛行機に乗るお客さまはどんな目的で、どんなサービスを求めているのか情報を集めます。例えば、出張で利用するお客さまの多い路線では、ボリューム満点で栄養のあるどんぶりものを取り入れたり、同じメニューにあきないように、半月から1か月に1度、内容を変えたりします。夜おそい便では胃に優しいメニューを出すなどの工夫もしています。

一部の路線では有名レストランのシェフにメニューを考えてもらっているものもあるんです。シェフが考えたメニューのなかから、機内という限られた場所でもおいしく食べられるもの、季節や予算に合うものを選びます。次に、調理方法を担当するケータリング会社につくり方を伝え、試食をつくってもらいます。試食ができあがったら、味や食感、見た目などをシェフや客室乗務員などとチェックして改良点を伝えます。何度か試食をくりかえし、ようやく機内食が完成するのです。

日本発の、ニューヨークやシカゴ行きなどの路線のファーストクラス※で提供される機内食。有名な日本料理店の料理人が考えた。

新しい機内食の試食会。監修のシェフや客室乗務員、役員、路線担当者などと意見交換をする。

Q どんなところがやりがいなのですか?

お客さまに機内食を提供するまでには、いろいろな人たちが関わっています。食材を生産する人、メニューを開発する人、料理をつくる人、機内に運ぶ人、お客さまに提供する人などです。多くの時間をかけて、仲間とともにお客さまにご満足のいただける機内食を提供できたときには、喜びと、大きなやりがいを感じます。

また、お客さまから直接「機内食がおいしかった」「機内食を食べたいから、またJALに乗ります」といった言葉をいただくと、心のなかでガッツポーズをしてしまうほど、うれしい気持ちになりますね。

お客さまからの意見をまとめるマーケティング部や、客室乗務員から機内食の感想などの情報を収集する。

Q 仕事をする上で、大事にしていることは何ですか?

まわりを巻きこんでいく「渦の中心」になることです。これは、JALグループの社員がもつべき「JALフィロソフィ」と呼ばれる考え方のひとつです。多くの人と仕事をしていると、まわりの意見に振り回され、自分の考えがぶれそうになることがあります。そんなときでも芯を強くもち、自分が「渦の中心」となって、目指している目標に対する思いを伝え、まわりの理解を得ながら実現していくことを心がけています。

例えば最近、機内食を事前にキャンセルできるサービスをつくりました。お客さまのなかには「ゆっくり寝たい」などの理由で、機内食を必要とされない方もいらっしゃいます。離陸した後にキャンセルされた機内食は、検疫の規則に従ってすべて捨てなくてはいけません。事前キャンセルは、フードロス※への取り組みにつながるのです。このサービスを提案した当初は、反対意見もありましたが、意義のあるサービスであることを理解してもらい、実現することができました。

用語 ※ フードロス ⇒ 本来食べられる食品を、捨ててしまうことによる食品の損失のこと。

Q なぜこの仕事を目指したのですか？

私は父の仕事の都合で、アメリカで生まれて、高校を卒業するまで暮らしていました。JALには、海外へ赴任するお客さまの家族の渡航をサポートする「ファミリーサービス」があります。私は4歳のころから、親のすすめで年に1度、このサービスを利用して、ひとりで飛行機に乗っていました。日本にいる親戚のところに行くためです。子どものひとり旅でも、空港では地上職のグランドスタッフ（10ページ）が、機内では客室乗務員がつねに見守ってくれます。出発から到着まで安心して旅ができるのは、空の仕事に関わる人たちのおかげだと、子どもながらに感じていました。

その後、日本の大学に進学しました。日本で就職活動をするとき、子どものころからお世話になっていたJALで、自分もお客さまにサービスを提供したいと思ったのが、この仕事を志望した理由です。

小学生のころ、ひとりでJALの飛行機で日本に帰国したときの写真。

福田さんのある1日

09:00 出社。メールのチェック
11:00 チームでスケジュールを共有し今後の機内食サービスについて話し合う
12:00 ランチ
13:00 ケータリング会社で、機内食メニューの試食会
16:00 来年の機内食メニューの打ち合わせ
18:00 資料作成などの事務作業をして退社

Q 今までにどんな仕事をしましたか？

入社後、成田空港の国際線で1年半、グランドスタッフとして働きました。お客さまの搭乗手続きや、搭乗券の発券を行う仕事です。最初は接客の業務にとまどいましたが、お客さまと直接やりとりをするなかで、何が求められているかを理解することができるようになりました。

その後、「機内食オペレーション室」というところに異動しました。提供が決まった機内食を空港のある各地域で準備するため、現地の会社と契約してつくってもらう仕事です。

JALの機内食では日本出発・海外出発ともに複数のメニューから選べる場合、1種類は和食を提供しています。海外出発の機内食は、現地の会社に依頼してつくってもらうのですが、和食のメニューを実現するのは簡単ではありませんでした。だしの取り方やご飯の炊き方など、海外の人たちにとって、和食は難易度の高い料理です。そこで、日本で機内食をつくる会社にお願いして、海外の会社に調理指導をしてもらい、同じ味を再現できるようにしました。このときの苦労や経験を活かし、現在は新たなメニューの開発に取り組んでいます。

Q 仕事をする上で、難しいと感じる部分はどこですか？

機内食をつくるには、多くの制約があることです。料理は調理してからお客さまに提供するまでに、約24時間空くので、安全性を保つために食材の加熱時間が決まっていたり、使える食材が限られたりします。生ものを提供しない以外にも、強いアレルギーの原因になる落花生や、食中毒のおそれのある牡蠣などの二枚貝は食材として使用しません。

有名なシェフにメニューを考えてもらう場合、まずは、事前に飛行機に乗って、機内食ならではの条件を理解してもらいます。実際に乗務員が食事を準備するようすを見てもらったり、機内食を食べてもらったりするのです。最近では、ミシュランガイド※で三ツ星を獲得した有名レストランのシェフに、ファーストクラスのメニューを考えてもらいました。シェフは、真空パックを活用することで、機内という限られた場所でも、素材のおいしさを保ちつつ、盛りつけも簡単に美しく仕上がる機内食を提案してくださり、お客さまからもとても好評です。

用語　※ミシュランガイド ⇒フランスのタイヤメーカーのミシュラン社が毎年発行するさまざまなガイドブックのこと。代表的なものにレストランやホテルの評価を星の数で表すレストラン・ホテルガイドがある。

Q ふだんの生活で気をつけていることはありますか？

「本音でぶつかること」です。これも「JALフィロソフィ」の考え方のひとつですが、もともと私も大切に思っていることでした。多くの人と仕事をするとき、調子のよいことばかり話しても、何も生まれません。私が育ったアメリカでは、自分の考えを人前で話し、「ちがう」と思ったことを口に出さないと、チームの一員として認めてもらえませんでした。

日本でも意見をぶつけ合うことが大切だと思い、思ったことは必ず言うようにしています。そのとき、もっとも気をつけているのは、一方的に自分だけが話すのでなく、おたがいに意見を語り合える雰囲気をつくることです。それぞれが自分の思いを語ることで、チームに信頼関係が生まれ、いい仕事ができるようになると思います。

● JALフィロソフィ ●

PICKUP ITEM

「フィロソフィ」は哲学という意味で、JALの社員ひとりひとりが、どんな考えで、どんな姿勢で仕事をするのかをまとめたもの。ほかに「常に明るく前向きに」「能力は必ず進歩する」「お客さま視点を貫く」などといった内容が書かれている。

Q これからどんな仕事をしていきたいですか？

じつは私は、飛行機の旅は好きですが、機内食は大の苦手で、ほとんど食べたことがありませんでした。だから入社後に機内食の企画をまかされたとき、自分がお客さまに喜ばれるメニューを開発できるのか不安でした。でも、上司に「機内食が苦手な人が企画した方が、多くの人から喜ばれる機内食ができあがるはずだよ」と言われ、シェフやケータリング会社の人たちと、おいしい機内食づくりを目指すうちに、仕事がどんどんおもしろくなっていきました。苦手だからこそ、そう思う部分を改善していけば、より多くの人に満足してもらえるものができると考えが変わったのです。

お客さまには、私と同じように苦手なものがあったり、機内での過ごし方にこだわりがあったりと、さまざまな事情があります。お客さまが求めるサービスをいち早く把握するため、最近は情報やデータを分析するマーケティング部の仕事にも興味をもっています。また、長い海外生活の経験を活かし、海外の空港勤務や支店営業など、英語を使ってお客さまと直に接する業務もやってみたいですね。

機内食の企画を考える福田さん。「お客さまに喜んでもらえる機内食を考えるために、情報収集は欠かせません。話題のお店にも実際に行ってみるんですよ」

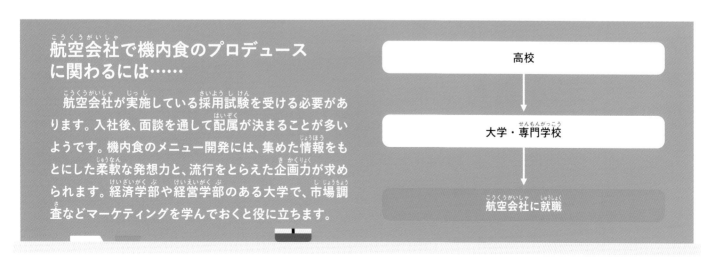

航空会社で機内食のプロデュースに関わるには……

航空会社が実施している採用試験を受ける必要があります。入社後、面談を通して配属が決まることが多いようです。機内食のメニュー開発には、集めた情報をもとにした柔軟な発想力と、流行をとらえた企画力が求められます。経済学部や経営学部のある大学で、市場調査などマーケティングを学んでおくと役に立ちます。

```
高校
↓
大学・専門学校
↓
航空会社に就職
```

Q この仕事をするにはどんな力が必要ですか?

　相手の意見もしっかり聞いた上で、調整力が求められると思います。お客さまに喜んでもらえる機内食を提供するには、多くの人たちとのチームワークが欠かせません。機内食を事前キャンセルできるサービスを企画したとき、客室乗務員に「キャンセルしたけど、やっぱり機内食が欲しいと言われたときのことを考えると不安」と反対の声がありました。提供されなかった機内食は廃棄されるので、フードロス対策や費用削減になることを丁寧に説明し、客室乗務員からの意見に対しては、予約の必要がない軽食などで対応してもらうように提案して理解してもらいました。

　サービスが実現した後は、それを導入したことで捨てなくてすんだ機内食の数などを、文書でみんなに報告して、感謝の気持ちを伝えています。

福田さんの夢ルート

小学校 ▶ とくになし

将来についてあまり考えたことはなかった。

▼

中学校 ▶ 国際弁護士

自分がアメリカに住む「日本人」であることを意識し始め、英語を活かした仕事がしたいと思うようになった。

▼

高校 ▶ 国際弁護士

国際弁護士になるために、大学の法学部に進学したいと考えていた。

▼

大学 ▶ アメリカの大学への進学

日本の大学の法学部に進んだ後アメリカで学び直したいと思うようになった。親と話し合い日本で就職することにした。

Q 中学生のとき、どんな子どもでしたか?

　赤ちゃんのころからアメリカで暮らしていたので、小学生のときは自分のことをアメリカ人だと思っていました。中学生になって、自分が日本人であるという感覚をもち始め、平日は現地校、土曜日は日本語の補習校に通って日本語の勉強を始めました。

　今思えば、現地校ではアメリカ人の友だちと、補習校では日本人の友だちと会うのが楽しくて、積極的に勉強はしていなかったような気がしますが、科目のなかでは、歴史が好きでした。とくに太平洋戦争について、日本からとアメリカからの、それぞれの視点で書かれた教科書が興味深く、何度も読み返していました。アメリカ育ちの日本人として、自分にこれからどんなことができるのか、考えるきっかけになったのかもしれません。

　私が通っていた学校では合唱か、吹奏楽の授業を受けることが必須になっていたので、吹奏楽を選んで、アルトサックスを吹いていました。教室だけの音楽の授業ではなく、街の大通りで行われるパレードで、みんなで演奏しながら行進したり、感謝祭で演奏したりしました。中学の最後にディズニーランドで演奏したのは、忘れられない思い出です。

アルトサックスは今でも趣味のひとつ。友人の結婚式でも披露した。

職場体験のときに、父親の会社でつくってもらった社員証。

KEITA
FUKUDA

ID MUST BE WORN AT ALL TIMES

Q 中学のときの職場体験は、どこに行きましたか？

中学1年生のとき、職場体験として、父の職場に1週間通いました。父は、精密機器メーカーのエンジニアとしてアメリカに赴任していたのです。朝から夕方まで、父の側にずっといて、資料のコピーをとるのを手伝ったり、会議に同席したりしたのを覚えています。その後、学校で、職場の写真などを見せながら、体験のようすを報告しました。

Q 職場体験ではどんな印象をもちましたか？

父が仕事をする姿を間近で見ることができたのは、とても新鮮な体験でした。お客さまに対し、父は「まだ聞くの？」「いつまで続けるの？」とこちらが心配になるほど、多くの質問を相手に投げかけ、相手の真の思いを引き出そうとしていました。どんな小さなことも見逃さず、相手の求めるものを把握し、課題を解決しようと試行錯誤する姿がかっこよく、「こんなふうに仕事がしたい」と心から思いました。

後日、課題が無事に解決し、お客さまへ報告した後の父の笑顔は、今でも忘れられません。父から教わった「考え続ければ必ず答えは出る」という信念は、その後の学生生活や今の仕事にも影響しています。

Q この仕事を目指すなら、今、何をすればいいですか？

ふだん当たり前に受けている、身のまわりの「サービス」に目を向けてください。コンビニエンスストアやレストランなどで、どんなサービスを受けたか、そしてどう感じたかを意識しましょう。よかったと感じたら、そのサービスを参考にし、思っていたものとちがうと感じたら、どうしたらよくなるのか考える習慣をつけると、いつか仕事をするときにきっと役に立つと思います。

また、空の仕事に興味がある人は、各航空会社のサービスのちがいや特徴を調べるのもおすすめです。私もアイデアを考えるとき、ほかの会社のサービスを参考にすることがありますよ。

「機内食がおいしい」という言葉がいちばんうれしいです

－ 今できること －

ふだんの暮らし

さまざまなお店でサービスを受けたときに体験して、うれしいと感じたことがあったら、その理由を考えてみましょう。また、雑誌やテレビなどで紹介された流行の食べ物や、人気のお店をチェックしましょう。機内食の開発には流行を取り入れた企画が必要なので、つねに新しい情報をつかむことを心がけましょう。

また、日本や海外の文化に関心をもって、よく調べてみることも大切です。世界の国々の特徴や食文化を紹介する本や旅行雑誌を読んで、情報を集めてみましょう。

国語 調理を担当する会社や社外のシェフなど、多くの人と協力して、機内食のメニューを開発します。話し合いを行う授業で、意見をまとめる力を養いましょう。

社会 フードロスの問題などに目を向けて、配慮があるサービスを提供することも大切です。世界共通の課題に関心をもって、ふだんからできる工夫を考えてみましょう。

家庭科 世界の食文化や調理の基本を学び、食事を楽しむための工夫について考えてみましょう。

英語 海外の会社と協力して仕事をする機会もあるので、英語でコミュニケーションがとれるように基礎をしっかり身につけましょう。

検疫官
けんえきかん

Quarantine Officer

成田空港検疫所
なりたくうこうけんえきしょ
冨永 郁さん
とみなが かおる
入省4年目 25歳
さい

日本で感染症が
かんせんしょう
広がらないように
空港で防ぎます
ふせ

日本で暮らす人びとを感染症などから守るため、
く　　　　　　　　　　　　　かんせんしょう
海外から入国する人は、空港や港で、必ず健康状
けんこうじょう
態のチェックを受けます。成田空港の検疫所で働
たい　　　　　　　　　　　　　なりたくうこう　　けんえきしょ
く冨永郁さんに、検疫官という仕事についてお話を
とみながかおる　　けんえきかん
うかがいました。

Q 検疫官とはどんな仕事ですか?

検疫官は、全国の空港や港などに設置された検疫所で働いています。人を通して、感染症の病原体が海外から日本国内に持ちこまれるのを防ぐのが検疫官の仕事です。

検疫官には事務官と技官がいます。事務官は、海外から日本に入国する人を、熱を感知するカメラで見て、発熱していないかを調べたり、現在の健康状態を確認する質問票を回収したりして、感染症にかかっている可能性のある人を見つけ出します。技官は医師や看護師の資格をもち、熱のある人や具合の悪い人を診察したり、海外に渡航する人に黄熱病などの予防接種をしたりします。

私は、新東京国際空港(成田空港)の事務官です。体調不良をうったえる人や、サーモグラフィーで発熱している人を確認したら、診断のできる医師や看護師のいる「健康相談室」に連れていき、症状を確認するとともに、滞在していた国で感染症が流行していないかを調べます。滞在していた国や症状から、検疫感染症※に感染している疑いがある場合、国内での感染拡大を防ぐため、検疫所で必要な検査を行います。感染している場合は隔離施設や医療機関へ搬送し、感染していなかった場合は、体調の変化に注意するように指導してから、入国手続きへ促します。

今は、2020年から流行している、新型コロナウイルスに対する検疫業務に力を入れています。「抗原定量検査」という唾液で調べる方法で、入国する人を検査します。陽性の場合は指定の医療機関に搬送したり、陰性の場合でも一定の期間滞在するためのホテルに送り届けたりします。また、入国するには、出国した国で受けた検査の陰性証明書も必要で、証明書の審査も行っています。

渡航者のなかには自分が感染していることに無自覚な人もいます。空港や港で、検疫官が伝染病を見逃したら、国内に感染が広がってしまいます。つねに責任感をもって危険と向き合い、日本の安全を守るのが私たちの役割です。

※ この情報は2021年9月時点のものです。

検疫検査場で、健康状態が記入された質問票の確認と回収をする冨永さん。

Q どんなところがやりがいなのですか?

新型コロナウイルスのような感染症が世界規模で大流行すると、病原体が日本に持ちこまれるのを食い止めることがいかに重要な任務であるかを実感します。日本の人々の安心や安全を最前線で守っているのは、私たち、検疫官であるということに、大きなやりがいや強い使命感をもって働いています。

また、医師や看護師など、専門性をもった技官と協力しながら仕事をすることで、自分とはちがう視点から、多くの発見や知識を得られるのも、この仕事の魅力だと思います。

Q 仕事をする上で、大事にしていることは何ですか?

成田空港検疫所では、海外から飛行機で入国するさまざまな人たちに対応するので、相手の話をよく聞き、できるだけわかりやすい言葉で説明することを大事にしています。

また、着陸した航空機内にすでに体調の悪い人がいた場合、検疫官が機内に入って対応します。その際は、すばやく的確な対応をしなければなりません。まちがった対応をした場合、自分自身が感染症にかかったり、ほかの飛行機がおくれたりしてしまうかもしれないのです。細心の注意をはらって仕事に取り組むようにしています。

冨永さんのある1日(検疫業務時)

11:30	出勤。メールや郵送物の確認
12:00	ランチ
13:00	職員の出張時の交通費の請求、社会保険の手続きなど、事務的な業務
16:00	検疫の業務（おもに検査の陰性証明書の審査や健康状態の問診、乗客への説明など）
21:00	退勤

用 語 ※ 検疫感染症 ➡ 新型インフルエンザやエボラ出血熱など、法律によって検疫の対象として指定されている感染症。検疫感染症に指定された感染症が確認された人は、行動制限や隔離などの対応が取られる。

Q なぜこの仕事を目指したのですか？

世の中の景気に左右されて仕事がなくなったり、会社が倒産したりしない、安定した環境で働きたかったので、高校生のころから公務員を志望していました。高校生のときに地方自治体職員の試験を受けたのですが落ちてしまい、大学に進学して国家公務員試験を目指すことにしました。

国家公務員は、厚生労働省などの国の機関で働きます。大学生のときに、各省庁を調べるなかで、厚生労働省の検疫所での仕事に興味をもちました。国内に感染症が広まらないように、空港や港などの最前線で病原体の侵入を防ぎ、日本に住む人々を守る仕事がすばらしいと思ったからです。

また、空港という、人種も国籍もさまざまな人が行き交う場所で仕事ができることも、魅力を感じた理由のひとつです。

上司の検疫官に仕事のアドバイスをもらう。「なんでも相談できる上司です」と、冨永さん。

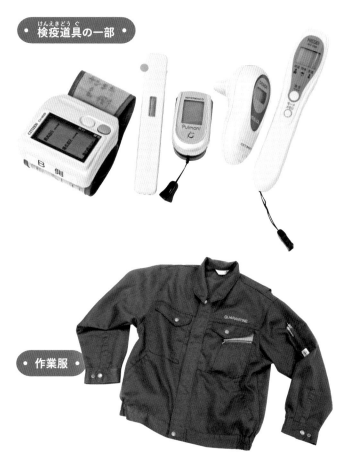

● 検疫道具の一部 ●

● 作業服 ●

PICKUP ITEM

検疫時に使う道具の一部。左から血圧計、体温計（脇で測るタイプ）、パルスオキシメーター（指先から体内の酸素濃度を測る）、体温計（耳で測るタイプで、おもに赤ちゃんや子どもに使う）、非接触型体温計。健康相談室で診断のサポートをするときに使う。作業服はおもに検疫業務のときに着用する。

Q 今までにどんな仕事をしましたか？

入省してから今まで成田空港検疫所で仕事をしています。初めは、海外から飛行機で日本に入国する乗客に対して、検疫検査場で体調を確認するなどの検疫を行うことがおもな業務でした。新型コロナウイルスが流行していなかったので、入国する人全員の検査ではなく、体調が悪い人や、動物にかまれたなど感染症にかかる可能性のある申告をした人だけを対象に検査をしていました。

2019年時は、コンゴ民主共和国やウガンダ共和国で「エボラ出血熱」が発生して、感染がじわじわと拡大していました。世界保健機関（WHO）が国際的な緊急事態宣言を出したことで、成田空港検疫所でもとくに、この2か国からの乗客の体調チェックを強化し、病原体を日本国内に持ちこませないよう、細心の注意をはらっていました。

2020年に新型コロナウイルスが世界的に流行してからは、入国者から滞在していた地域の聞き取り、体調を確認する質問票の記入の依頼と確認・回収、入国者全員の抗原定量検査、感染の可能性がある人の診察サポート、療養施設への搬送などを行っています。

新型コロナウイルスの感染拡大は非常事態です。検疫をする私たちも、手探りで対応方法を考える必要がありました。入国する人たちの質問票の確認内容や対応方法、検査方法などは日本だけの問題ではなく、海外の状況やなりゆきを見ながら対応しなければならなかったからです。例えば、日本に入国するには、出国した国の検査による陰性証明書が必要ですが、その内容や証明方法が国ごとにちがうため、新しい証明書を見るたびに厚生労働省に問い合わせ、対応を考えながら進める必要があります。証明書に不備があれば、乗客はそのまま出国した国に帰ってもらうことになりかねないので、確認や対応などは慎重に行っています。

※ この情報は2021年9月時点のものです。

Q 仕事をする上で、難しいと感じる部分はどこですか？

新型コロナウイルスのような前例のない感染症に対して、感染症の拡大を防ぎつつ、多くの人が納得できる対応を行うことはとても難しいと感じています。

入国時の検疫に対して「こんな検査に意味があるのか」など、不満を口にする人もいます。新型コロナウイルスの感染拡大を防ぐために行っている抗原定量検査は、結果を伝えるまで1時間から1時間半ほどかかることもあるので、待っている間に不安を感じたり、イライラしたりする気持ちもよくわかります。入国する方に快く検査に応じていただくために、検査の意味だけでなく現在の世界や日本の感染状況などを根気強く伝えることが大切だと感じています。

会議室には、ウイルスなどの病原菌についての資料があり、勉強のために利用することがある。

Q ふだんの生活で気をつけていることはありますか？

検疫の業務は、立ったまま行われる時間が長いので、かなり体力を使います。飛行機が立て続けに到着すると、休憩をとる間もないほどのいそがしさです。検疫検査場だけでなく、ときには飛行機のなかで作業をすることもあり、検疫官はつねにスピーディーな行動が求められます。

基礎的な体力をつけるため、ふだんから、エレベーターをあまり使わず、できるだけ階段を使うようにしています。また、休みの日には、何駅分かはなれた遠くのスーパーまで歩いて買い物に行くなど、疲れにくい体づくりを心がけています。

Q これからどんな仕事をしていきたいですか？

検疫検査場での入国者の検疫業務のほか、感染症を運ぶ蚊やねずみを捕獲する「生息調査」や、船舶の衛生状況を確認し、証明書を発行する「船舶の衛生検査」など、はば広い業務を経験できるのが、事務官の仕事の魅力です。

また、入国者の検疫は、空港だけでなく、港でも行われており、検疫官の勤務場所も全国各地にあります。2～3年で異動があり、厚生労働省本省や試験研究機関などに勤務することもあります。今はひとつひとつ経験を積み、公務員としても人間としても成長しながら、日本の人々に貢献していきたいと思っています。

事務室ではパソコンを使って職員などの社会保険の手続きをするといった事務的な作業も多い。

検疫官になるには……

事務官の場合は、国家公務員採用試験に合格する必要があります。合格後、厚生労働省の採用試験に合格して、適正や希望により検疫所に配属されることが多いです。技官の場合は、医師や看護師の国家試験に合格して、医師、看護師の免許を取得する必要があります。その後病院で、医師は研修医として2年以上、看護師は3年以上の経験を積むと、検疫官に応募できるようになります。

```
                    高校
                   ↙        ↘
大学（医学、看護）、看護専門学校      大学
          ↓                      ↓
国家試験に合格後、          国家公務員試験に合格
経験を積む               後、厚生労働省に採用
          ↓                      ↓
検疫官（技官）              検疫官（事務官）
```

Q この仕事をするには どんな力が必要ですか?

自分の心と体の状態を理解し、つねに万全の状態にしておくための自己管理能力です。人々の健康や安全を守る仕事は、大きなやりがいがある反面、緊張の連続なので、ストレスもたまります。悩みや課題をひとりでかかえこまず、上司や先輩に相談したり、休日は自分の好きなことをしたりして上手に気分転換しながら、仕事に全力で向き合える心身の状態をつくることが大切です。

また、限られた時間のなかで的確に行動するための高い集中力や冷静さなども必要だと思います。

冨永さんの夢ルート

┌─────────────────────┐
│ 小学校 ▶ 動物に関する仕事 │
└─────────────────────┘

動物が好きだったので、
何か動物に関わる仕事がしたかった。

▼

┌─────────────────┐
│ 中学校 ▶ とくになし │
└─────────────────┘

動物好きだったことから生物部に入ったが、
具体的に将来の職業は考えていなかった。

▼

┌─────────────┐
│ 高校 ▶ 公務員 │
└─────────────┘

安定した環境で働きたかった。
地方自治体職員の試験を受けたが
合格できなかった。

▼

┌─────────────┐
│ 大学 ▶ 公務員 │
└─────────────┘

引き続き公務員を志望し、
国家公務員を目指す。
公共政策を学ぶ学部に進学したので、
公務員のなかでも公共政策を実行する
職種に興味をもつようになった。

Q 中学生のとき、 どんな子どもでしたか?

自宅から片道2時間くらいかけて、大学付属の中高一貫校に通っていました。子どものころから生きものが好きだったので、部活は生物部に入りました。学校の敷地内にある、ちょっとした森や林で、部活の仲間たちといっしょに、いろいろな生きものを観察したり、昆虫の生息調査などを行ったりしていましたね。

また、本を読むのが好きだったので、長い通学時間を利用して、いろいろな本を読んでいました。中学時代、とくに夢中で読んだのは、「ハリーポッター」シリーズです。ほかにも、外国の小説の日本語訳版や推理小説などを読んでいたのを覚えています。

本好きが高じて現代文や古文などが得意だったこともあり、家で国語を勉強したことはありません。数学や英語はあまり得意ではなかったので、テスト前などは通学時間に集中して勉強するようにしていました。今思うと、長い通学時間を通して、ひとつの物事と向き合う集中力や課題を解決する力など、仕事に必要な能力が育まれていたのかもしれません。

中学3年生のときの体育祭。「学校の行事はどれもすごく楽しい思い出です」

2年生の遠足では、東京都の日本橋から神奈川県の江ノ島まで自分たちで移動。班の友だちと電車の乗りつぎを調べた。

Q 中学のときの職場体験は、どこに行きましたか？

中学校の職場体験としては、いくつか候補があるなかから農業を選んで、体験しました。約半年間、週に1、2回畑に通って、土を耕し、大根やカブなどの種をまき、水や肥料をやって育て、収穫するという農家の仕事をひと通り体験しました。

Q 職場体験ではどんな印象をもちましたか？

50代くらいの農家の方の畑で、手取り足取り教えてもらいながらの作業でした。土地の一区画ほどの、それほど大きくない畑だったのですが、土を耕し、種をまき、野菜を育てることは思っていた以上に大変でした。かなり体力も使うため、毎回くたくたに疲れていました。当時は、働くということを理解していませんでしたが、農家の人たちは、お客さんに喜ばれるおいしい野菜をつくるために、私たちが体験したよりも何十倍も広い農地で、立ちっぱなしの作業や、悪天候でも畑の手入れをしていました。こうやって目に見えない苦労をたくさん重ねていることを知りました。

農地では、種まきから収穫するまでを体験することで、最後までやりきることの大切さを学んだと思います。

Q この仕事を目指すなら、今、何をすればいいですか？

英語の勉強は欠かせません。検疫所は、海外との玄関口である空港や港にあるので、外国の人と話す機会がとにかく多いです。受験に役立つ英語だけでなく、会話にも力を入れましょう。自分はあまり英語が得意じゃなかったので、今ひとつひとつ身につけているところです。中学時代から英会話を意識して勉強していたら、もっとコミュニケーションがとれたのに、と思う場面はたくさんあります。

また検疫所では、海外の動向に合わせて対応を変えていく必要があります。世界で今何が起きているか、海外のニュースにも注目してほしいと思います。

日本に病原体を持ちこませないことが検疫官の使命です

－ 今できること －

ふだんの暮らし

検疫官は、重大な感染症の原因となる病原体が海外から入ってくることを防ぐ仕事です。港や空港で人と接することが多いので、相手にきちんと聞いてもらえるよう、つねに落ち着いて話すことを心がけてください。また、顔色などから、その人の心身の状態を感じ取る洞察力もきたえておくとよいでしょう。

ふだんから海外の情報をチェックしておくとともに、たくさんの情報のなかから正しいものを見分ける力をつけておくことも大切です。

 国語
感染が疑われる旅行客などに対して、相手の話をていねいに聞き、情報や指示を正確に伝えなければなりません。スピーチなどを通じて伝える力をつけましょう。

 理科
検疫官には医療・看護の知識が必要です。体の構造や器官の働きの基礎を学んでおきましょう。

 保健
感染症の原因や対策について学習することができます。きちんと理解しておきましょう。病気の予防や、応急手当の知識も身につけておくとよいでしょう。

 英語
検疫官は外国の人に対応することも多く、英語力が必要です。リスニングやスピーキングの力をつけておくと役に立ちます。

航空管制官

Air Traffic Controller

国土交通省 東京航空局
東京空港事務所
森田実里さん
入省5年目 27歳

「空の安全を守る」それが私たちの仕事です

空港では、毎日日本だけでなく、さまざまな国の航空機が行き交っています。航空機が、衝突したり、離着陸の場所をまちがえたりしないのは、航空管制官が交通整理をしているからです。航空管制官の森田実里さんにお話をうかがいました。

Q 航空管制官とはどんな仕事ですか？

航空管制官は、空港にある管制塔などから、航空機が安全に飛べるように、パイロット（4ページ）と無線で通信し、さまざまな指示を出す仕事です。

具体的に、業務は大きく3つに分けられます。ひとつ目は、私が羽田空港で担当する「飛行場管制業務」です。空港から9km以内を管制しています。羽田空港では、1時間に90機、集中する時間だと40秒に1機くらいの間隔で、離陸と着陸が行われています。空港へ着陸する航空機が滑走路に向けて集まったり、離陸しようとする航空機が自由に走行したりすると、危険です。そこで、私たち管制官は空港にある管制塔から、目視で航空機を確認して、パイロットに離着陸の順番や地上での走行経路を指示します。

無事に離陸した航空機や、着陸に向け降下している航空機はふたつ目の業務である「ターミナル・レーダー管制業務」を行う管制官が担当します。空港から約100km以内が担当範囲です。航空機がさらに飛行すると、3つ目の「航空路管制業務」を行う管制官が担当します。この業務は、札幌・東京・神戸・福岡の4か所で行っており、飛行場と飛行場を結ぶ航空路を飛行する航空機を管制します。

「ターミナル・レーダー管制業務」や「航空路管制業務」は目視で捉えることができない航空機の位置を、レーダーシステムで探知し、航空機の飛行位置や高度を確認しながらほかの航空機と安全な距離を保って飛行できるように航空機を上昇・降下させたり、飛行経路の指示を出したりします。

一度に多くの航空機を管制することもあるという。「一度飛び立った航空機は止まることができないため、ゆっくり考えている時間はありません」

「天候が悪いと視界が悪いので、いつも以上に緊張感が高まります」

Q どんなところがやりがいなのですか？

飛行場管制業務は、それぞれの管制官が空港の東側、西側など、担当の区域を受けもち、自分の区域の航空機をつねに把握しながら、チームで業務を行っています。

例えば、航空機は離陸の準備や、着陸後の移動のために、滑走路を横断することがあります。このとき滑走路を担当する管制官は、ほかの区域を担当する管制官とおたがいの担当航空機の情報を確認しながら「次の到着機が来るまでに、この航空機に滑走路を横断させます」などのやりとりを行い調整します。チームワークがうまくいったときは達成感があり、やりがいを感じます。

また、パイロットと通信するときは、日本人どうしであっても、会話は英語で行います。パイロットの表情が見えないので不安になることもありますが、「Thank you」「Nice control」と言われたときは、的確に指示が出せてよかったと感じ、航空管制官としての自信にもつながります。

森田さんのある1日（早番の場合）

07:30	出勤。メールのチェック、アサイン表（チームのだれがどこを担当するかを書いた時間割のようなもの）の作成
08:15	ブリーフィング。天候や飛行状況などの引きつぎと確認を行う
08:30	管制塔内の運用室で業務開始。パイロットとの無線通信やほかの管制官と協力して業務を行う
12:00	ランチ
12:30	管制塔内の運用室で業務
14:30	デブリーフィング。その日の業務で起きたことの報告と確認を行う
14:45	担当する訓練生のサポートなど
15:30	シミュレーターによる訓練に参加
16:45	退勤

訓練生の指導やサポートも森田さんの役割。訓練生の練習に参加して、シミュレーター室の一角で訓練生の実習のようすを確認する森田さん。

Q 仕事をする上で、大事にしていることは何ですか？

パイロットとの通信は声だけのやりとりなので、内容が的確に伝わるように話すことを大事にしています。とくに天候が悪いときは、パイロットの操縦に負担がかからないように、短い言葉で通常時よりもゆっくり、わかりやすく指示を出すようにしています。

また、管制官どうしのチームワークをよくするために、日ごろからコミュニケーションを取り合い、話しやすい雰囲気をつくっています。チームには数名の訓練生がいるので、とくに訓練生にはチームの輪に入れるよう、積極的に声をかけています。

「航空路管制業務」を担当する管制官や無線機器のメンテナンス担当者など、航空機の運航に関わるさまざまな人とも連絡を取り合うことが多いので、相手の立場で考えながら気持ちよく仕事ができるよう、心がけています。

Q なぜこの仕事を目指したのですか？

中学生のとき、オーストラリアのメルボルンで1週間ホームステイをしたのがきっかけで、英語に興味をもつようになりました。また、旅行で飛行機をよく利用していたので、空港という場所にもあこがれていました。

でも、職業としては、ずっと学校の先生になりたいと思っていて、公務員の仕事を調べているうちに、国土交通省の「航空管制官」という仕事の存在を知りました。航空機の安全に関わる仕事で、英語を活かすことができるとわかり、「この仕事をしてみたい」と、気持ちが一気に高まりました。

航空業界の仕事といえば、パイロットや客室乗務員の印象が強いと思いますが、空港で働く人の職種はさまざまです。航空業界に興味のある人は、ぜひ調べてみてください。

Q 今までにどんな仕事をしましたか？

私は、大学卒業後「航空管制官採用試験」に合格し、国土交通省に入省するところからスタートしました。入省後は、大阪府にある航空保安大学校に入学し、同期といっしょに寮生活を送りながら、8か月の基礎研修を受けました。基礎研修では航空英語や航空気象学など管制官に必要な基礎知識の習得と、シミュレーターを使った本格的な実習が行われます。

例えば、「ノンレーダー」という実習では、航空管制官役はレーダーを使わず、パイロット役から伝えられた数値による位置情報をもとに、頭のなかで航空機の位置を計算して、パイロット役に飛行の高度や経路などの指示を出します。

緊張感のあるなかでたくさんの知識を身につけ、実習を的確に行うのはとても難しく、何度も心が折れそうになりましたが、同期が支えてくれました。みんなで助け合いながら勉強したり、休みの日にバーベキューやサッカーをしたりして親交を深め、無事に研修をのりきることができました。

航空保安大学校を修了後、2017年8月に東京空港事務所管制保安部に配属され、約1年の訓練期間を経て、航空管制官の資格を取得しました。

● 無線通信機

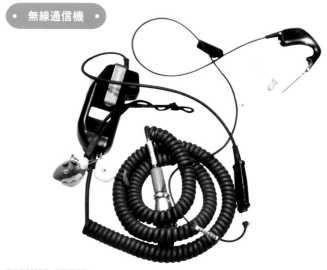

PICKUP ITEM

パイロットと通信するための無線通信機。管制官がパイロットに指示を出すときは、手もとのスイッチを押して話す。話すときは短い言葉で、わかりやすく伝える。着陸後、地上を走行する場合も無線通信機で指示する。

Q 仕事をする上で、難しいと感じる部分はどこですか？

台風などの悪天候のときは、緊張が高まります。ふだんから天候が悪い場合の対応を研究したり、シミュレーターで訓練したりしていますが、実際には訓練したことと同じ状況はないので、そこが難しいです。例えば、私たちは通常、航空機を目視で確認しますが、視界が悪く確認できないときはほかの担当と協力し合いながら指示を出します。夏に多く発生する積乱雲は乱気流といって、不規則な気流が発生するので、機体が大きくゆれます。乱気流をさけるため航空機を通常の飛行ルートから外すので、近くを飛行する航空機との経路の調整が必要なのです。

困難な状況にぶつかったら、自分だけで解決しようとせず、先輩管制官やまわりの人に助けを求めるようにしています。

Q これからどんな仕事をしていきたいですか？

私は管制官の３つのおもな仕事のうち、「飛行場管制業務」にたずさわっていますが、まずはここで、さまざまな状況に対応できる知識や経験を身につけることが目標です。いずれは「ターミナル・レーダー管制業務」と「航空路管制業務」の、ふたつの業務も経験したいと思っています。

ゆくゆくは国土交通省航空局で、日本全国の航空管制官について、より安全で効率のよい管制の仕組みを考えるような仕事もしてみたいですね。

今はまだ、知らないことがたくさんあるので、もっと視野を広げていろいろなことに積極的に取り組み、将来的には、自分の実力がもっとも発揮できるところで、航空業界の発展に役立っていきたいです。

Q ふだんの生活で気をつけていることはありますか？

私が勤務する羽田空港では、交替しながら空港で24時間の勤務体制をとっています。勤務の時間帯によって、早番、遅番、夜勤などのシフトがあり、働く時間が不規則なので、この生活に慣れるまでは大変でした。

そのため、健康管理にはとくに気をつけています。体力づくりのため、以前は休日にボクシングをしていましたが、現在はゴルフに挑戦しています。ゴルフで体力がついてきたからか、今は仕事とプライベートのバランスがうまくとれるようになり、充実した毎日を過ごしています。

奥に見えるのは、森田さんが働く管制塔。管制塔の上の部分で業務をする航空管制官は、「飛行場管制業務」のみ。それ以外は、別の施設で業務を行っている。

航空管制官になるには……

国土交通省が行う航空管制官採用試験に合格する必要があります。学科や学部の制限はありませんが、年齢制限（21歳以上30歳以下）があります。

一般的な教養を問う試験のほかに、英語の面接や聞き取り試験なども行われるため、英語の勉強は重要です。また、適性試験があり、短期記憶能力や空間認識能力、身体検査が行われます。

```
  ┌──────┐   ┌──────┐
  │ 高校  │   │ 高専  │
  └──────┘   └──────┘
      │           │
      ▼           ▼
  ┌──────┐   ┌──────────────────┐
  │ 大学  │──▶│ 航空管制官採用試験に合格 │
  └──────┘   └──────────────────┘
                      │
                      ▼
  ┌────────────────────────────┐
  │ 航空保安大学校で研修後、          │
  │ 配属空港などで訓練を経て航空管制官に │
  └────────────────────────────┘
```

※ 航空管制官になるまでの一例です。

Q この仕事をするには どんな力が必要ですか？

コミュニケーション能力と決断力です。限られた時間のなかで、多くのパイロットやほかの管制官などたくさんの人たちを相手に指示や調整を行うため、相手の言葉を正しく理解したり、自分の意図を明確に伝えたりすることがつねに求められます。

また、飛行場管制業務は、1分、1秒の判断のおくれが命取りとなるため、迷っているひまはありません。今、何が起きているのか、瞬時に状況を把握し、決断して、冷静に指示を出す能力が必要です。もちろん、とっさの判断力は簡単につくものではありません。自信をもって的確な判断をするために、機種のちがいによる航空機の性能や、天候による航空機の動きなど、日ごろから多くの事例を研究したり、データを収集したりなどの努力は欠かせません。

森田さんの夢ルート

小学校・中学校 ▶ 学校の先生

小さいころから学校の先生にあこがれていたが、中学に入って部活を始めてからはとくにバレーボール部の顧問になるために先生になりたいと思っていた。

▼

高校 ▶ 先生・英語を使う仕事

先生への夢はもちつつ、中学時代のホームステイがきっかけで英語を使う仕事や海外で働くことにも興味が出てきた。

▼

大学 ▶ 先生・在外公館派遣員・航空管制官など

先生になりたかったが、大使館などで働く在外公館派遣員や航空管制官など、英語を活かせる公務員の仕事も選択肢のひとつとなった。

中学2年生のとき、オーストラリアに短期留学。留学でできた海外の友だちとは、帰国後も文通をしていた。

Q 中学生のとき、 どんな子どもでしたか？

負けず嫌いのスポーツ少女でした。バレーボール部に所属し、部活づけの毎日です。体育館にはいつもいちばんのりでしたし、練習が終わってからも残って自主練をするほど、バレーボールに夢中でした。チームみんなでひとつのことを目指し、喜びや達成感を分かち合っていた経験が、現在の仕事にも活きているのかもしれません。

バレーボールが好きなだけでなく、顧問の先生も大好きで、とてもあこがれていました。怒るときはこわいけれど、生徒ひとりひとりのことをちゃんと見てくれて、いいところはたくさんほめてくれる、生徒思いのすてきな先生でした。先生の影響で、当時は私も学校の先生になりたいと思っていました。

朝も放課後も休日も部活をしていたので、勉強は授業に集中して取り組んでいました。勉強はあまり好きではなく、テスト勉強を直前だけがんばる、短期集中型でした。でも、中学2年生のときにオーストラリアに1週間の短期留学をしてから英語が好きになり、だんだん得意科目になっていきました。

部活では、地区大会で優勝。県大会にも出場した。

今も大切にしているバレーボール。卒業のときにチームメイトからメッセージを書いてもらった。

Q 中学のときの職場体験は、どこに行きましたか?

中学2年生のときに、「マイチャレンジ」という5日間のキャリア教育プログラムがあり、私は近くの小学校で職場体験をしました。選んだ理由は、当時先生になるのが夢だったからです。事前準備で先生の仕事を調べたり、小学校に電話をかけて、職場体験のお願いをしたりしました。緊張しながら電話したのを覚えています。

Q 職場体験ではどんな印象をもちましたか?

5日間、先生のサポートとして、授業のお手伝いをしたり、勉強を教えたり、休み時間に小学生たちと外で遊んだりしました。給食も、小学生といっしょに食べました。

実際に先生の仕事を間近で見て、自分の知らなかった仕事がたくさんあることにおどろきました。例えば、小学生たちに勉強を教えるだけでなく、授業の準備をしたり、朝や昼に職員室で会議をしたり、課外活動の計画を立てたりと、やるべきことがたくさんあるのです。

また、夏休みなどの長期休暇中も先生たちは研修会に参加していることが多いと聞いて、改めて先生の仕事の大変さを実感しました。

Q この仕事を目指すなら、今、何をすればいいですか?

いろいろな場所でさまざまな体験ができる、中高生向けのプログラムに参加してみてください。サマーキャンプやイベントなど、学校で案内が配られることも多いと思います。いろいろな立場の人の話を聞いて見聞を広め、自分の可能性をどんどん見つけましょう。私も英語のプログラムで留学した経験が、今の職業につながっています。

また、私自身が中学時代にやっておいてよかったと思うのは、部活動です。バレーボール部で身につけた礼儀、協調性、粘り強さなどは、授業では学べないことばかりです。現在の仕事のさまざまな場面で役立っていますよ。

パイロットが安心して航空機を操縦できるように管制塔からすべての航空機の安全を守ります

− 今できること −

ふだんの暮らし

航空管制官は、瞬時に複数の航空機の状況を把握して、指示を出さなければなりません。そのため、短期記憶能力と正確な判断力などが求められます。

絵や写真を短時間見てかくし、描かれていたもの・写っていたものとその位置を正確に思い出すなどの練習をしておくとよいでしょう。チームで働く航空管制官には協調性も必要です。人に合わせるだけでなく、自分の考えをしっかり伝え、自分がまちがっていたらすぐに認める素直さをもてるようになりましょう。

国語
航空管制官には、情報を整理し、正確に伝える力が求められます。正確に伝える表現力を養いましょう。

社会
地理で学ぶ交通の発展などは、航空業界を知るきっかけになるので、学習しておきましょう。

数学
航空管制官には、空間を把握する力や、物の移動の計算力が必要となるので、数学の基礎を学びましょう。

理科
航空管制官の仕事は気象と関わりがあるので、理科の基礎知識が役に立つでしょう。

英語
航空管制官はパイロットとの通信では英語を使うので、ALTの先生との会話などを積極的に行いましょう。

仕事のつながりがわかる
空の仕事 関連マップ

ここまで紹介した空の仕事が、
それぞれどう関連しているのか、見てみましょう。

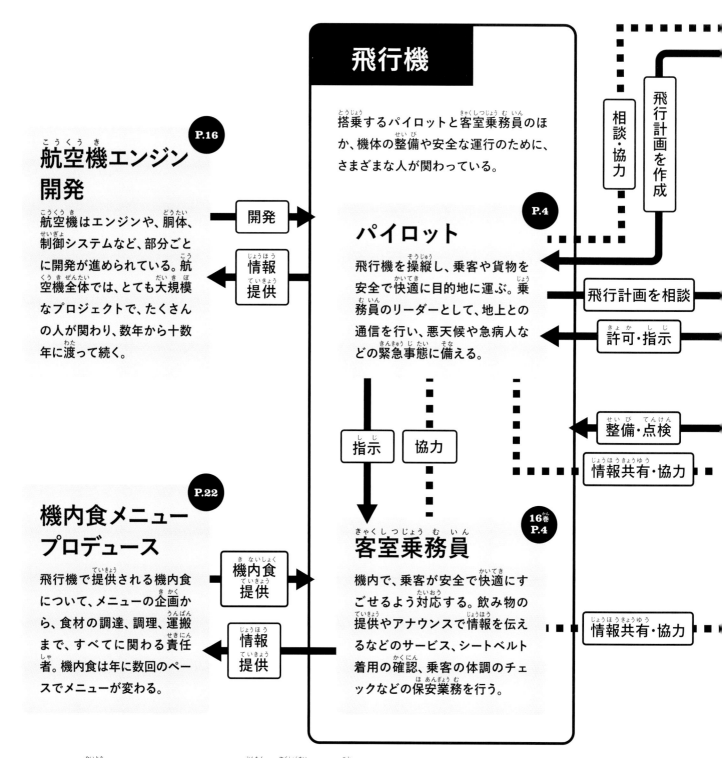

飛行機

搭乗するパイロットと客室乗務員のほか、機体の整備や安全な運行のために、さまざまな人が関わっている。

相談・協力

飛行計画を作成

航空機エンジン開発 **P.16**

航空機はエンジンや、胴体、制御システムなど、部分ごとに開発が進められている。航空機全体では、とても大規模なプロジェクトで、たくさんの人が関わり、数年から十数年に渡って続く。

開発

情報提供

パイロット **P.4**

飛行機を操縦し、乗客や貨物を安全で快適に目的地に運ぶ。乗務員のリーダーとして、地上との通信を行い、悪天候や急病人などの緊急事態に備える。

飛行計画を相談

許可・指示

整備・点検

情報共有・協力

指示　協力

機内食メニュープロデュース **P.22**

飛行機で提供される機内食について、メニューの企画から、食材の調達、調理、運搬まで、すべてに関わる責任者。機内食は年に数回のペースでメニューが変わる。

機内食提供

情報提供

客室乗務員 **16巻 P.4**

機内で、乗客が安全で快適にすごせるよう対応する。飲み物の提供やアナウンスで情報を伝えるなどのサービス、シートベルト着用の確認、乗客の体調のチェックなどの保安業務を行う。

情報共有・協力

※このページの内容は一例です。会社によって、仕事の分担や、役職名は大きく異なります。

空港

空港では、航空機に関わる仕事をする人、人や貨物の出入国を管理する人などが働いている。

運航管理者

飛行ルートの気流や目的地の気象状況を分析して、飛行計画を作成。パイロットと打ち合わせをして、飛行計画を決定。離陸後も目的地への到着まで、地上からサポートする。

航空管制官 **P.34**

航空機が安全に飛べるように、パイロットと無線で通信して、さまざまな指示を出す。「飛行場管制業務」は多くの航空機が集まる空港の管制塔から、衝突や着陸場所の誤りがないよう、交通整理をする。

航空整備士

航空機が安全に運行するために、機体の整備・点検を行う。「ライン整備」は空港で毎日、フライトごとに、飛行前・到着後の整備・点検をする。

グランドスタッフ **P.10**

乗客が空港に着いてから飛行機に乗るまでと飛行機を降りてから空港を出るまでを、空港内でサポートする。手荷物預かりや搭乗券の発券などの搭乗手続き、搭乗時刻などを知らせる出発案内などの業務がある。

検疫・防疫の仕事

海外から、感染症や病原体が持ちこまれないよう、検査の仕事をする人たちがいる。

検疫官 **P.28**

日本に入国する人の健康状態をチェックする仕事。滞在した国や症状から、法律で決められた検疫感染症の可能性があれば、さらにくわしく検査をする。

家畜・植物防疫官

海外から持ちこまれる畜産物や植物に、病原菌や有害物質がふくまれていないかを検査、確認する。

食品衛生監視員

海外からの輸入食品の安全性を確認する。衛生上の検査や、日本の食品法で認められるかなどをチェックする。

入国審査官

パスポートやビザを検査し、不法な入国・出国を防ぐ。

税関職員

不正薬物や拳銃をはじめ、日本に持ちこんではいけない物品の密輸入を防ぐ。

これからのキャリア教育に必要な視点 34

パンデミックをこえて、新しい航空業界へ

▶ コロナで大打撃を受けた航空業界

パイロット、客室乗務員、航空整備士、グランドスタッフなどが働く航空業界。はなやかなイメージがあり、いつの時代もあこがれる人の多い仕事です。

ところが2020年に新型コロナウイルス感染症が世界で蔓延すると、海外への渡航や海外からの入国が制限され、航空業界は大打撃を受けました。

国土交通省の調査によると、2020年の国内線の旅客数は、前年と比較して66.9％減、国際線にいたっては96.2％も落ち込みました。これにより、日本航空（JAL）やANAホールディングスといった大手の航空会社でも巨額の赤字が続きました。

航空業界はおよそ24万人もの人が働くといわれる大きな業界で、非正規雇用の労働者も多いのが特徴です。新型コロナウイルスの影響による営業不振は多くの人の生活をおびやかし、暗い影を落としました。

▶ オンラインにはない新たな魅力を

感染防止のための外出自粛をきっかけに、出張に代わってオンライン会議が活用されるなど、ビジネスのあり方や人々が求めるものも大きく変化しました。そのため、新型コロナウイルスが落ち着いたとしても、航空業界は社会の変化に合わせた変革が求められています。オンラインにはない、「人が移動するからこそ得られる価値」を見つけ出さなければならないのです。

例えば、この本に登場する日本航空の機内食メニューをプロデュースする男性は、「機内食のメニューを考えるとき、まずこの路線の飛行機に乗るお客さまはどんな目的で、どんなサービスを求めているのか情報を集めます」と語っています。彼はミシュランガイドで三ツ星を獲得したフランス料理店のシェフにファーストクラスで提供するメニューをつくってもらうなど、乗客にとって忘れられない旅になるような工夫をしています。

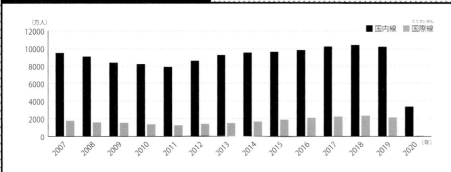

国内線・国際線 旅客数の推移

訪日外国人数の増加にともない、着実に業績を拡大していた航空業界も、新型コロナウイルス感染症の流行により状況が一変。2020年の国内線の旅客数は前年と比較して66.9％減の3,377万人、国際線は96.2％減の81万人と、大幅に減少した。路線の縮小や撤退に追い込まれるなど、各航空会社が苦境に立たされた。

国土交通省『航空輸送統計調査』をもとに作成

42

日本航空では、2023年度にドローンによる物流事業を、2025年度に空飛ぶクルマによる旅客事業の実現を目指している。こうした次世代の輸送手段は、離島や山間部での物流や、災害時における緊急物資の輸送といった社会的課題を解決すると期待されている。

©Volocopter

また、日本航空は他社と業務提携し、定額で飛行機の利用と宿泊先を提供するサブスクリプションサービスの実証実験を行っています。これは、コロナ禍で需要が増えた、場所にしばられない新しいライフスタイルを後押しするものです。「移動」の考え方が根本から変わる可能性があり、ビジネスや観光業界からも注目を集めています。

▶ 変わっていく空の仕事

さらに、航空業界はよりさまざまな分野に進出し、高度なサービスも続々登場しています。

この本にも出てくる国産のジェット機「HondaJet」は2015年にはじめて納入されて以来、2020年までに200機を世界中の経営者や企業などに納入し、すでに小型ジェット機の販売台数では世界1位を達成しています。定期便よりも柔軟に活用でき、なおかつ移動時間が短縮できるため、ビジネスジェットを利用するという考え方が経営者の間では少しずつ広がっています。

ほかにも、日本航空では飛行機の運航ノウハウを活かし、ドローンや空飛ぶクルマを使った事業に取り組む予定です。

このように、どんどん変わっていく航空業界の仕事では、新しいサービスや技術が、乗客の要望にどのように応えているかを見ることが大切です。新型コロナウイルスによる影響をマイナスにとらえるのではなく、そこから新しいビジネスチャンスにつなげるためには何が必要か、考えてみてください。

まずは目指す仕事をするために、どんな進路があるかを調べてみましょう。航空業界は昔から人気があり、専門の大学や専門学校も多数あります。また、従来は男女で職種が分かれていましたが、この本にも女性のパイロットや男性のグランドスタッフが登場するように、性別に関係なく仕事を選べるようになってきています。教育機関が整備されているという利点を活かし、ぜひ自分にとってベストな道を選択してください。

PROFILE
玉置 崇

岐阜聖徳学園大学教育学部教授。
愛知県小牧市の小学校を皮切りに、愛知教育大学附属名古屋中学校や小牧市立小牧中学校管理職、愛知県教育委員会海部教育事務所所長、小牧中学校校長などを経て、2015年4月から現職。数学の授業名人として知られる一方、ICT活用の分野でも手腕を発揮し、小牧市の情報環境を整備するとともに、教育システムの開発にも関わる。
文部科学省「校務におけるICT活用促進事業」事業検討委員会座長をつとめる。

さ　く　い　ん

【取材協力】

ANA　https://www.ana.co.jp/
スカイマーク株式会社　https://www.skymark.co.jp/ja/
株式会社本田技術研究所　https://www.honda.co.jp/aeroengine/
日本航空株式会社　https://www.jal.com/ja/
厚生労働省 成田空港検疫所　https://www.forth.go.jp/keneki/narita/
国土交通省 東京航空局　https://www.mlit.go.jp/koku/atc/howto.html

【写真協力】

株式会社本田技術研究所　p17
国土交通省 東京航空局　p34-39
日本航空株式会社　p23、p43

【解説】

玉置 崇（岐阜聖徳学園大学教育学部教授）　p42-43

【装丁・本文デザイン】

アートディレクション／尾原史和（BOOTLEG）
デザイン／石井恵里菜・加藤 玲（BOOTLEG）

【撮影】

平井伸造　p4-33

【執筆】

酒井理恵　p4-9、p42-43
小川こころ　p10-15、p22-39
山本美佳　p16-21

【企画・編集】

西塔香絵・渡部のり子・佐藤美由紀（小峰書店）
常松心平・一柳麻衣子・酒井かおる（オフィス303）、安部優薫

キャリア教育に活きる！
仕事ファイル34
空の仕事

2022年4月9日　第1刷発行
2024年1月8日　第2刷発行

編　著　小峰書店編集部
発行者　小峰広一郎
発行所　株式会社小峰書店
　　　　〒162-0066東京都新宿区市谷台町4-15
　　　　TEL 03-3357-3521　FAX 03-3357-1027
　　　　https://www.komineshoten.co.jp/
印　刷　株式会社精興社
製　本　株式会社松岳社

©Komineshoten
2022 Printed in Japan
NDC 366　44p　29×23cm
ISBN978-4-338-35102-7

キャリア教育に活きる！

仕事ファイル

センパイに聞く